# この保険、解約してもいいですか？

後田亨

日経BP

# はじめに

本書は、私が有料で行っている生命保険相談にいらしたお客様との対話をまとめたものです。

正味1時間弱の面談が終わると、20代から80代まで大半の方に「スッキリしました！」と言っていただけるので、事例を記録しておくと「短時間で読めて、生命保険に関する悩みが一気に解消される本」ができると考えたのです。

私は、1995年から約15年、大手生命保険会社と乗り合い代理店で、生命保険の営業職を経験しました。

2007年に、外回りの仕事で知り合った方とのご縁から、初の著書『生命保険の罠』(*)を上梓する機会に恵まれたのをきっかけに、その後、独立し、著述業と有料相談で生計を立てています。

保険販売の仕事を辞めたのは、出版が実現した後、保険の商品設計に関わっている人たちとも知り合うことができて、それぞれ表現は違っていても、現行商品は「暴利と言われても仕方がない仕組み」であると教えてもらえたからです。

本文でも触れているように「インターネット申し込みだから、保険料が割安です」とうたっている保険会社でも、決算情報を見ると、「保険料の4割超が会社の経費や利益になっている」のです。

「保険料は安心料のようなもの」と認識している人でも、「保険会社の専用口座に10万円入金すると、4万円超の管理費が引かれる」と想像してみると、「極力利用しないほうがいい」と思えるでしょう。

したがって、有料相談でも「加入すべき保険は1種類、『自立していない子どもがいる世帯主が、期間限定で死亡に備える保険』です。単身者や子育てが終わった人たちにお薦めしたい保険は、特にありません」とお伝えしています。

## 保険は仕方なく入るもの

これは、家計における出費の削減を第一とした判断ではありません。誰もが「社会保険」に加入していることを踏まえたうえで、「保険の長所を最も生かせる選択」をご案内しているだけです。現役世代の世帯主が急死するような事態は、頻繁には起きないため、安い保険料で大きな保障を持てるのです。

実際、ある保険数理の専門家も「保険は、世帯主が、子どもが社会人になるまで『掛け捨ての死亡保険』を利用するくらいでいい」と明言します。「他は、貯蓄のための保険も含め、『手数料の分、加入者が損をする』と思ったらいい」と言うのです。

要するに「民間の保険を利用すると、諸費用がかかり過ぎるので、稀に起こる重大事態にのみ、仕方なく保険で備える」のが正解なのです。

私が保険相談を有料にしているのは、このような「利用すべき保険はとても限られている」という情報や知見に、商品以上の価値があると考えているからです。

仮に「診察・相談は何度でも無料」という病院があったら、本来、不要な治療や投薬でも実施されるかもしれない、と想像してみたらわかりやすいかと思います。

## 悩むポイントは、どんな人でもほぼ同じ

本書でご紹介する相談の場で、私が具体的にどのような話をしているかというと、実は、毎回「ほとんど同じ話」をしています。世代や暮らし向きなどは様々でも、お客様のお悩みや思い込み（?）には共通点が多いため、いつも同じような内容になるのです。

例えば

- **「医療保険」は本当に必要?**
- **「医療保険」「がん保険」に全く入らないのは不安。代案はないか?**
- **がん家系なので「がん保険」だけは入っておいたほうがいい**
- **自営業者は「就業不能保険」に入るべき?**
- **「掛け捨て」は損だと思う**
- **「『掛け捨て』ではない保険」に入っているが、保険料負担が重い**
- **子どもが生まれたら、「学資保険」に入るのが正解か?**
- **老後資金が心配。投資より、受取額が決まっている保険のほうが安**

**心だ**

- **「外貨建て保険」は金利が高いので「資産形成」に向く、と聞いている**
- **貯蓄のための保険、今、解約すると損をする。どうしたらいい？**
- **販売員と「付き合い」がある。提案の断り方や解約の仕方を知りたい**
- **国の財政は厳しい。健康保険や年金などの制度も改悪されるはず。民間の保険で備えたい**
- **いざというときのことを考えると、保険料は高くても、大手が安心だろう**

これらの発言は、私の中ではほとんど「定番」と呼べるものです。そのため、お客様に私見をお伝えする際の言葉も定番化され、更新されています。人を選ばない伝え方やわかりやすい事例などが、いつのまにか蓄積されたのだと感じます。

近年は「期間限定で、世帯主の死亡保障を安く持てたらよい」という結論に納得していただくのに、1時間もかからないケースが増えているのです。

そこで、書籍化しても冗長にならず、一つの事例をご紹介するだけで、多くの方の疑問やお悩みを解決できると考えました。そもそも保険を賢く利用するために必要な知見は、個人の属性にさほど左右されないからです。

「保険の問題」は「お金の問題」だからでしょう。お金が大事な人であれば――大事でない人がいるでしょうか？――年齢・性別・家族構成・職業等に関係なく、考え方や実行すべきことは同じなのです（例外は相続対策に保険を利用する場合くらいです）。

## 保険には普遍の正解がある

時代の変化を反映した新商品が登場しても「加入者から集めたお金で有事に備える」保険の仕組みは変わりようがないことも幸いだと思います。一度「正解」がわかれば、ずっと通用するのです。

なお、本書では、相談の場で言及している「数少ない、検討に値する保険」や、「資産形成のために優先的に利用したい制度」なども、ご紹介しています。

結果的に、私の既刊の中で、最も短時間で読めて、読者の皆様のお役に立てる一冊になったと感じています。是非、ご一読下さい。

2023年9月吉日
後田 亨

＊講談社＋α新書から2007年刊行。2012年に文庫化（講談社＋α文庫）

# 目次 ―この保険、解約してもいいですか？

Hoken Kaiyaku?

Hoken Iruno ?

COLUMN

イラスト：Shutterstock
（登場人物のシルエットは除く）

# 登場人物

オフィスバトン
「保険相談室」代表
**後田亨**

お客様

**五十嵐有司**
40歳
会社員

**五十嵐美香**
40歳
パートタイマー

- 子ども（4歳）1人の3人家族
- 「医療保険」「外貨建て終身保険」「学資保険」など、5本の保険に加入中
- 月々の保険料は約8万円（ドル円の為替レートで変わる）

# 第1章

# どうして「保険は入るほど損」なのか？

後田です、こんにちは。

五十嵐です、よろしくお願いいたします。

こちらこそ、よろしくお願いいたします。早速ですが、私のことをなぜご存じなんですか？

夫が職場の先輩から紹介されたセールスの人にお任せでいろいろと保険に入っていて、これから子どもにお金がかかるし、ちゃんと見直そうと思って、保険関係の動画をいろいろ探して見ていたんです。そうしたら、YouTubeで、加藤浩次さんと後田さんが生命保険の話をされていて(＊1)。

加藤さん、後田さんの話にものすごい衝撃を受けていましたよね。後田さんは、加藤さんとお親しいんですか？

いいえ、全く。ただ、最近、五十嵐さんご夫婦のように、加藤さんの動画で私のことを知って有料相談にいらっしゃる方がすごく増えているんです。だから、頭が上がりません。

そうでしたか。それで、後田さんの本を少し読んだ時点で「私たち、この本でダメ出しされている保険ばかり入ってるじゃない！　マズいかも？　直接、相談できるみたいだし、行ってみようよ」となりました。

有料というのも、いいなと思ったんです。常識で考えて、有料のほうが役に立つ話を聞けるはずじゃないですか。営業の人と違う、中立的なお話を聞きたいです。

ありがとうございます。では、基本的な考え方からお話ししますね。

もっとも、私が考える基本であって「中立」は意識していません。

えっ、中立じゃないんですか？

## 生命保険は、すべて解約！

人には何かしら好みもありますし、体験などによって考え方が変わる面もあるでしょう。ですから、人がやることに中立はないと思っています。その代わりと言っては何ですが、なるべく「常識」で考えているつもりです。それで**結論から言うと、保険は入らないほどいい**です。

本にもそう書かれていましたね。本のタイトルにも『生命保険は「入るほど損」?!』って。

ええ。先に結論を申し上げれば、**今、お入りになっている生命保険、私だったらすべて解約**します。

えっ?!

全部ですか?!

はい。先にいただいた資料によると、五十嵐家が今、お入りになっている生命保険は5本ですね。保険料の多い順に挙げると、

1. **終身保険――――世帯主（有司）の死亡に備える保険（米ドル建て）**
2. **収入保障保険――世帯主（有司）の死亡に備える保険**
3. **学資保険――――子どもの進学に備える保険**

**4.　医療保険（有司）―病気やケガによる入院などに備える保険**
**5.　医療保険（美香）―病気やケガによる入院などに備える保険**

となります。

私は、五十嵐家が**入るべき生命保険は、最終的に1本だけ**だと考えています。その1本については、今、お入りになっている保険の「入り直し」をお勧めします。

## 「おひとりさま」に生命保険は不要

今日、僕らも保険に入るのは必要最小限にしたいと思って、ここに来ています。ただ、本当に1本だけでいいのか……。後田さんのおっしゃる「入るべき1本」というのは、どんな保険ですか？

それは、おいおいご説明していきます。ただ、最初に大事なことを2つだけ、申し上げます。まず、**必要なのは、世帯主の死亡に備える保険1本だけ。それも期間限定でいい**と、私は考えます。

例えば、**結婚していなかったら、生命保険は要らない**、ということですか？

基本的には、そうなります。養うべき家族がいないのならば、生命保険はゼロでいいと思います。

じゃあ、**「おひとりさま」には、生命保険は要らない**と？

ええ。**ご結婚されていても、お子さんがいらっしゃらなければ、生命保険は要らない**と思います。実際、私はそのパターンで、民間の生命保険には1本も入っていません。

もう一つ、最初に申し上げたいのは、**「入るべき1本」は、いわゆる「掛け捨て」の保険**だということです。

うーん……。私は正直、掛け捨てって損じゃないのかな、と感じているんです。

そうでしょうね。でも「保険の一番いいところって何だろう」を考えると、答えは明らかなんです。

「保険の一番いいところ」ですか？

## どうして「掛け捨て」がいいのか？

はい。例えば、**今日、1000円払って死亡保険に入った人が、明日、亡くなったとしたら、1000万円が遺族に支払われる。**それが保険のいいところです。つまり「まとまっていないお金」で「まとまったお金」を用意できる。

そして、**1000円しか払っていない人に、なぜ1000万円の死亡保険金を支払えるのかというと、死亡することなく、無事に過ごしている人たちが払った保険料が使われて、返金されないから**です。このお金の流れはわかりますよね？

はい。お金の流れはわかります。

つまり、**無事に過ごしている人たちからすると、保険料が「掛け捨て」になる**と感じられるとしても、**加入者全体で見ると「助け合い」**になっているんです。お金が「捨てられる」どころか、不幸に遭った人たちを助けるために使われる。**これは素晴らしい仕組みです。**だから、保険を利用するなら、断然、掛け捨てと言えます。

はあ……。

図1-1　「掛け捨て」と「助け合い」

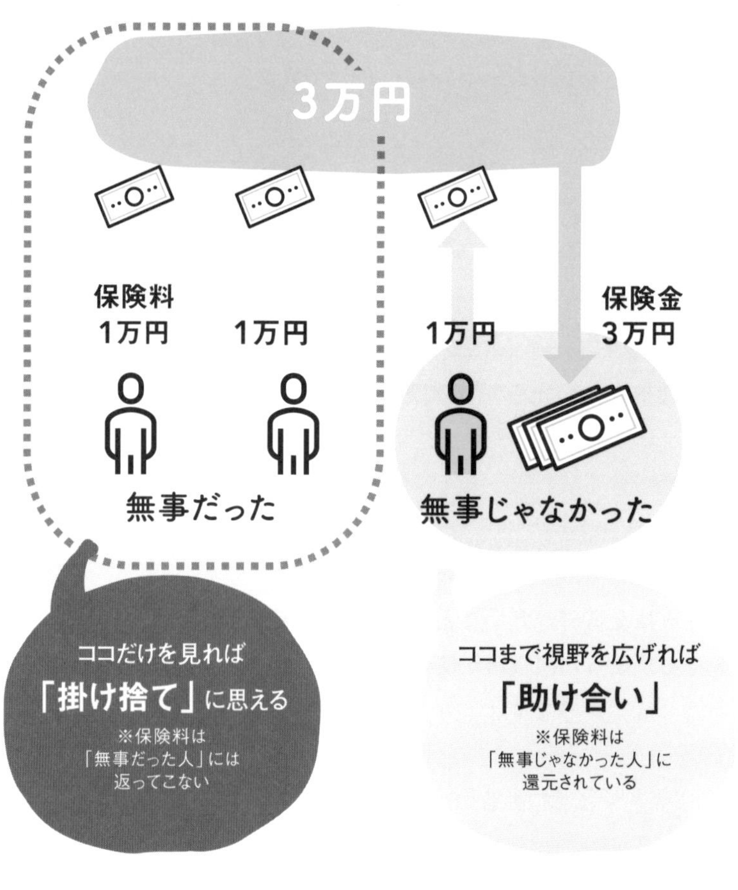

3万円
保険料
1万円
1万円
1万円
保険金
3万円
無事だった
無事じゃなかった
ココだけを見れば
「掛け捨て」に思える
※保険料は
「無事だった人」には
返ってこない
ココまで視野を広げれば
「助け合い」
※保険料は
「無事じゃなかった人」に
還元されている

ただし、掛け捨てであっても、保険には問題があります。

何でしょうか？

率直に言って、暴利が疑われることです。

**保険会社が暴利を貪っている**、と？　どうしてですか？

## 保険会社の取り分は40〜80％くらい

ライフネット生命(＊2)が、決算資料で公表している「粗利率」が参考になるでしょう。

この会社の「粗利率」とは、保険加入者から集めた保険料のうち会社に残るお金の割合(＊3)です。これが2019年度から2022年度の4年で43〜46％となっています(＊4)。

**僕らが払った保険料の半分近くが、保険会社の取り分になる**ということですか。

はい。保険というのは、保険料を払って給付金や年金を受け取るという仕組みです。つまり、**保険とは「お金をお金に換える」仕組み**です。死亡保険であれば、「安心のために」と、保険会社の口座にいくらかのお金を入金しておくと、まさかのときにお金が届くというシステムです。その際、**10万円入金しておくと、4万円超の管理費が引かれるイメージ**です。システムの運営費等は必要経費だとしても、痛いと感じます。

図1-2　「支払う保険料」と「受け取る給付金」の関係

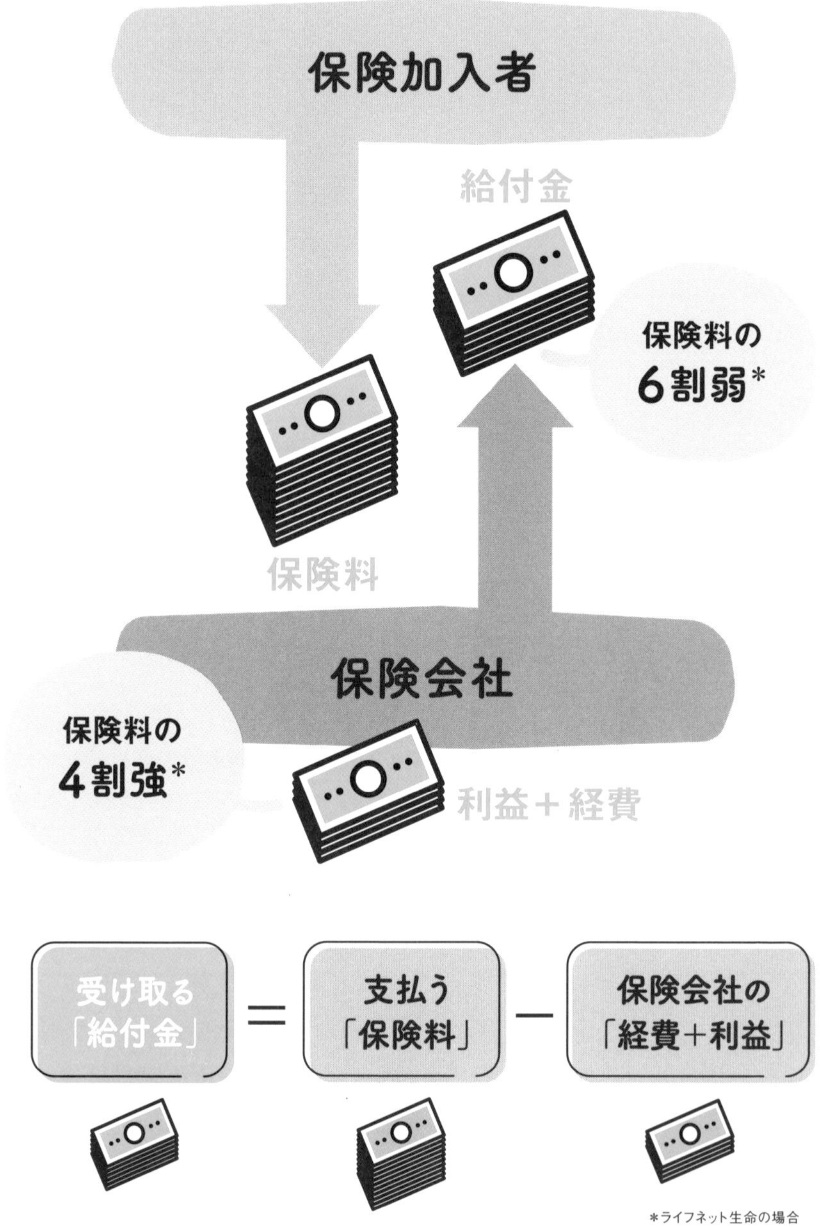


*ライフネット生命の場合

ライフネット生命って、ネットで保険を売っているんですよね？　ちょっと驚きです。ネット販売だと、経費とか、安くなるのかなと想像していました。

ええ、ネットで保険を売るほうが経費を抑えやすいだろうとは推察できます。対面で営業している**大手の死亡保険だと、保険料の80％くらいが会社側の取り分と試算できる例もあります**から。

ええっ!?　マジですか？

## 「手数料がわからない金融商品」を買っていいのか？

はい。ずいぶんですよね。保険会社の人たちは、保険で「不安を安心に変える」と言ったりしますが、**「不安をお金に変える大胆な課金システム」**だと感じます。そもそも、販売手数料などが開示されていないことも気に入らないですし。

手数料などは全然、わからないんですか？

銀行窓口で販売されている**ごく一部の商品を除き、保険会社は手数料を開示していません。投資信託など、他の金融商品では、開示するのが普通**ですよね？

そんなわけで、保険は極力、使わないほうがいいと考えています。それでも、仕方ないから使ったほうがいいと思うのが、世帯主の死亡保険です。死亡保険以外にも、医療保険やがん保険、介護保険など、幅広く保険に入ると、毎月の引き落としが増えて、家計が圧迫されやすいですよね。

ええ、それは痛感しています……。

## 保険は「お金をお金に換える」仕組み

なるほど。でも、**「お金が戻ってくる保険」**もありますよね。
僕も入っていますけど。

そうですね。五十嵐家が入っている保険でいえば、終身保険と学資保険は、例えば10年後とか20年後とかに、まとまったお金が「返戻金《へんれいきん》」として返ってきます。いわゆる**「掛け捨てではない保険」**です。

こうした**「お金が戻ってくる保険」**は、**貯蓄や運用を目的とした商品**として案内されています。ただ、要するに、将来のために、自分のお金を「積み立て」ていくという構造で、預金や投資信託の積み立てなどと変わりません。そして、**保険の場合、貯蓄のつもりで利用していても、販売手数料などが高くて、積み立てに回るお金は少ない**んです。一方、「掛け捨て」の保険は、万が一のときに備える、保障だけが目的です。[図1-3]のように分類できます。

終身保険や学資保険は「×」なんですね。

はい。五十嵐さんがお入りになっている「終身保険」も、手数料などの諸経費が高いので、お金が増えにくいんです。

本当ですか!?

はい。

図1-3 生命保険の分類

| 目的 | 構造 | 具体例 | 保険の長所が生きるか？ |
|---|---|---|---|
| 保障 | 掛け捨て | 医療保険、がん保険、収入保障保険、(平準)定期保険、など | ○ |
| 保障＋貯蓄 | 掛け捨て＋積み立て | 終身保険、養老保険、変額保険、など | × |
| 主に貯蓄 | 主に積み立て | 学資保険、個人年金保険、など | × |

『投資の大原則』(日本経済新聞出版)という本 —— バートン・マルキールとチャールズ・エリスという投資の世界で高名な人たちが書いた本ですが —— その中に、こんな記述があります。

**「終身保険はあなたが必要とする生命保険機能に、コストが高い投資プログラムが付け加えられている」**

残念ながら、そういう仕組みなんです。この説明は、保険の専門家の言葉ではありませんが、私が「お金が戻ってくる保険」について考える際、最もわかりやすいと感じたものです。**保険で本当に必要なのは保障であって、貯蓄や投資の仕組みではない。**そうであれば、保障と貯蓄がセットになった商品は利用しなくていいと納得できました。

**終身保険は、良心的な投資信託と比較すると、少なくとも20倍近い手数料がかかる**仕組みですから(＊5)。

20倍！

保険が、保険料を払って保険金などを受け取る仕組み、つまり**保険が「お金をお金に換える仕組み」である限り、運営側の経費などが高いと、利用者が受け取るお金は確実に減ります。**例えば、私たちが今飲んでいるコーヒーのカップであれば、デザインがいいから気持ちが上がるとか、金額換算できない価値もあるかと思います。でも、保険や投資信託のような金融商品は違います。仮にお金を増やしたい場合、**手数料が0.5%と5%の商品では、魔法のような運用方法でもない限り、後者が不利**に決まっていますよね？

確かに、それはわかりやすいですね。複雑な気持ちになりますけど。

まあ、そうですよね。ですから、繰り返しになりますが、子育て中の現役世代が一定期間、掛け捨ての死亡保険を利用するくらいが好ましいと思います。

なんで、子育て中の死亡保険なんですか？

## 保険とは宝くじのようなもの

何より、理に適っている、合理的だと思うんです。

どういう意味でしょう？

**保険の基本構造は「宝くじ」と同じ**です。宝くじというのは、単純に言ってしまえば、「大勢の人」から集めたお金が、「少数の人」に分配される仕組みです。**宝くじでは、ラッキーな人がお金をもらいますが、保険ではアンラッキーな事態に遭遇してしまった人がお金をもらいます**。運悪く事故に遭ったりした人のために、皆が少しずつお金を出し合うのが保険です。私の好みではないですが、「不幸くじ」と呼ぶ人もいます。

言われてみれば、確かにそうですね。

この仕組みでは**「運悪く、お金を受け取る人」が少ないほど、安い掛け金で保険から給付されるお金の額を大きくする**ことができます。

確かにそうだ。でも、そんなふうに考えたこと、なかったです。

死亡保険の話に戻れば、子育て中の現役世代であれば、死亡率は低い。ですから、子どもが自立するまでと区切って死亡保険に入れば、月々数千円の保険料で、世帯主が亡くなったときに1000万円単位のお金を用意できます。理に適っているというのは、そういうことです。

世帯主が亡くなると収入が大きく減って困るでしょう。1000万円単位のお金が手元にあれば何とかなるかもしれませんが、一般家庭で、それだけのお金を貯めるにはかなり時間がかかります。そんなとき、保険で収入を補填できれば助かりますよね？

なるほど。

ただし、このケースであっても、先ほどお話ししたように、保険料から数十パーセントの経費が引かれることは変わりません。つまり保険というサービスの利用料は高い。なので、子育て中の世帯主の死亡時のような重大事に限定するわけです。

図1-4 保険の基本構造は「宝くじ」と同じ

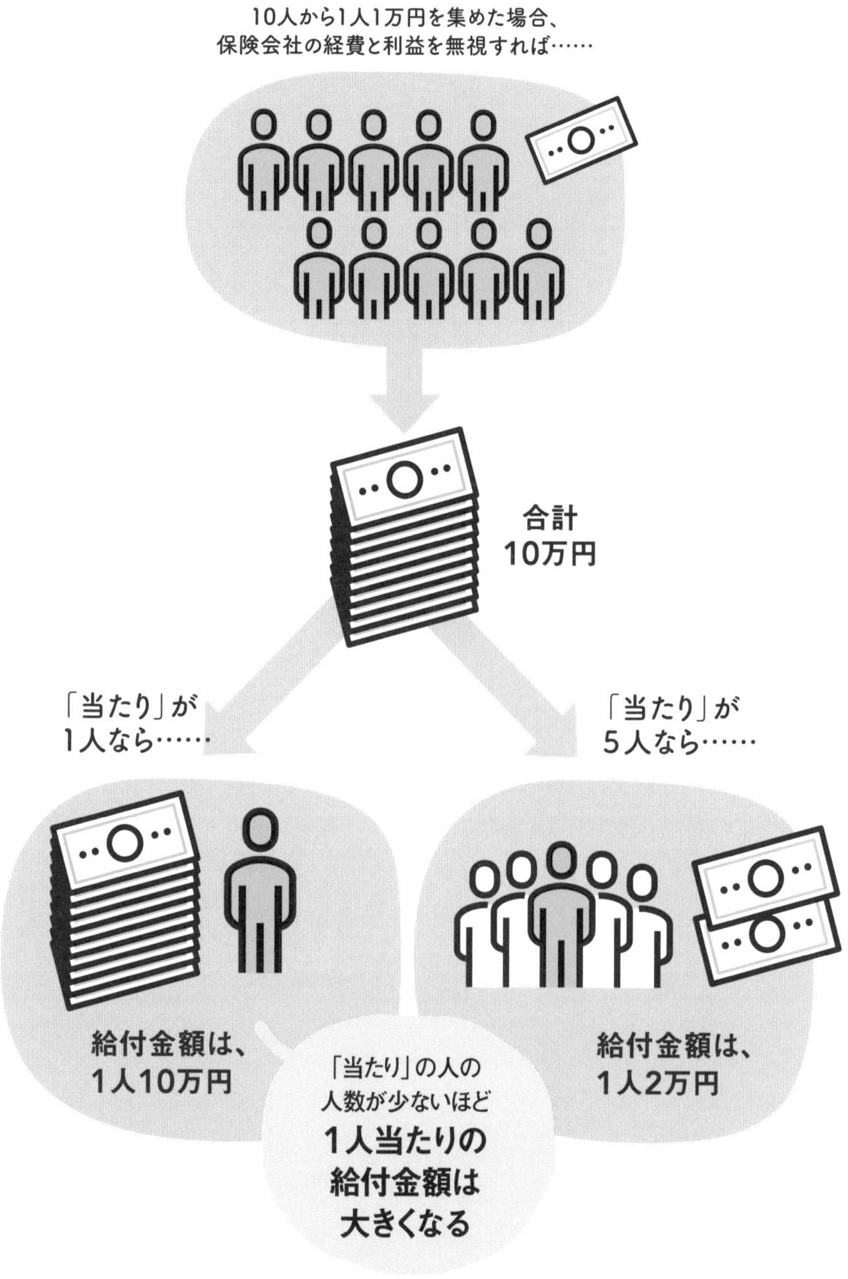
10人から1人1万円を集めた場合、
保険会社の経費と利益を無視すれば……
合計
10万円
「当たり」が
1人なら……
「当たり」が
5人なら……
給付金額は、
1人10万円
「当たり」の人の
人数が少ないほど
1人当たりの
給付金額は
大きくなる
給付金額は、
1人2万円

ということは、うちだったら夫の死亡保険だけ、ということになりますよね。本当にそれくらいでいいのかな？　と不安になったりもしますけど。

## 保険をよく知るプロほど、保険に入っていない

そうですよね。ただ、私が知る限り、**保険をよく知る保険会社の内勤部門の人たちは、ほとんど保険に入っていません**。入っている保険といえば、**定年までの死亡保険だけ、それも社内で案内されている、格安の「団体保険」**でとか、そういう人が多いんです。

本当に死亡保険の他には何も入っていないんですか？

はい。**「医療保険」などは人気がありません**。

**保険をよく知る人たちは、「不安の有無」で、保険に入るかどうかを決めません**。「保険で用意できる金額の大小」で決めます。つまり、**「万一のときに給付される金額の大小」で決める**ということです。

医療保険は、「入院時に5万円、手術時に10万円」といった保障内容で、給付金額は比較的、小さいですよね。**「これくらいの金額なら自分で払えるので、保険を使う必要はない」**と、保険をよく知る人たちは考えます。医療保険が不人気なのは、給付金額が大きくなりにくいからです。そもそも、病気になる人は、亡くなる人と比べると人数が多いです。特に一生涯の保障がある「終身医療保険」は、老後の入院などに備えるわけで、それこそ、たびたび起こる事態、珍しくない事態ですよね。だから、安い保険料で手厚い保障を持つのは難しい。わかりやすい理屈ですよね。

図1-5 現役世代が入る「死亡保険」と「医療保険」の違い

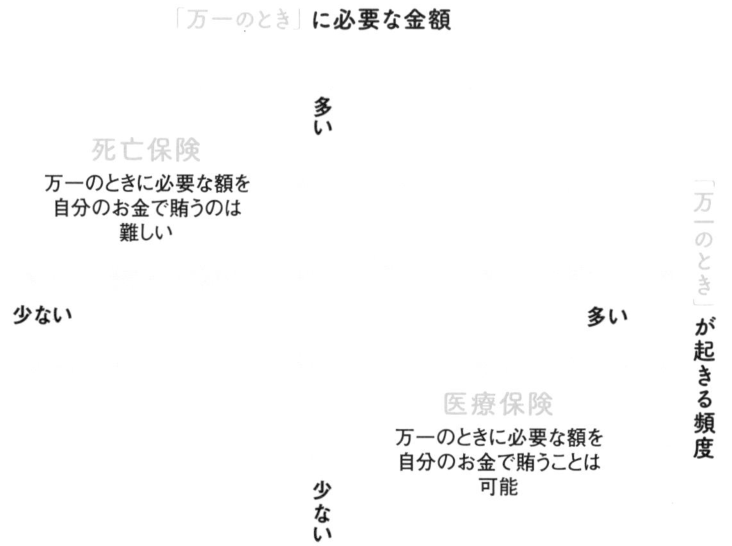


ですが、一般の人、あえて素人と言わせてもらいますが、素人でも大金が必要になる事態に限定して、上手に利用している保険もあるんです。おわかりになりますか？

う～ん、何でしょうか？

## 「自動車保険」なら正しく判断できる

自動車保険です。**賠償責任保険は、皆さん、保険金額を「無制限」にして必ず加入**します。事故で人を死に至らしめた場合など、**億単位のお金がかかるかもしれない**からです。

**車にかける車両保険には入らない人も**います。「今乗っている車が壊れても、中古車だったらボーナスで買えるから」といった理由です。車両保険に入る場合でも、10万円までの修理費は自己負担するといった条件を付けて保険料を下げます。

ああ、私もそうしていますよ。

五十嵐さんと同じように、自動車保険であれば、皆さん、**万一のときに必要なお金が、自分で払える金額であれば保険を利用しない、**つまり**「金額の大きさ」だけで淡々と正しく判断している**んです。

**図1-6 自動車保険の「賠償責任保険」と「車両保険」の違い**

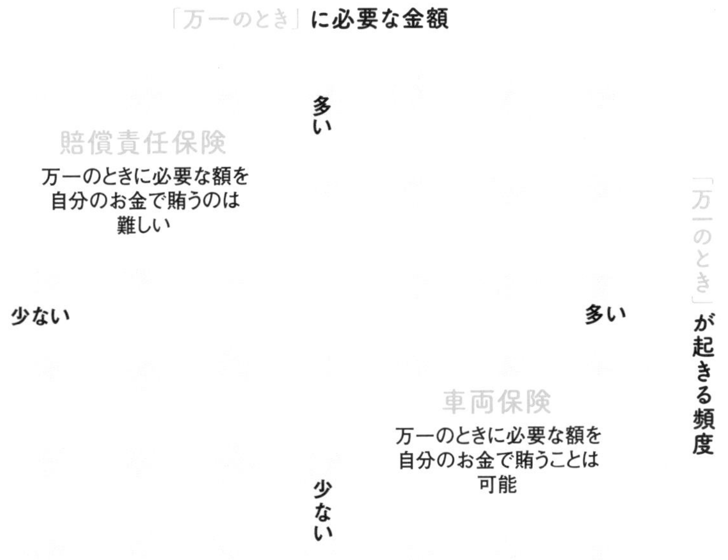


ところが同じ人でも、生命保険では「日帰り入院でも5000円もらえるのが嬉しい」とか、評価が変わるんです。いろんな感情が影響するのだと思います。

えっ、日帰り入院で5000円もらう保険はダメなんですか。う〜ん……、そうか、さっきの理屈で考えれば、そうかもしれません。

ですから、今日は、自動車保険の加入法にならって、五十嵐家の契約を見直していきます。

＊1.「生命保険は“損”なのか？保険相談の専門家たちが激論を繰り広げる【MC加藤浩次】」NewsPicks/ニューズピックス、2022年10月4日、等

＊2. 正式な社名はライフネット生命保険（株式会社）。ただし、生命保険会社・損害保険会社の社名は、「保険」を省略して呼ぶことが多いことに鑑み、本書では「ライフネット生命」と表記する。以下、他の生命保険会社・損害保険会社についても同様

＊3. 保険料から、入院した加入者などに給付金を払い、さらに将来の給付金支払いに備えて積み立てるお金を差し引いた後に、会社に残るお金の割合

＊4. 2022年度はコロナ禍の影響を除いた数字

＊5. 個人投資家に人気が高い投資信託「eMAXIS Slim（イーマクシス スリム）全世界株式（オール・カントリー）」（通称「オルカン」）の場合、信託報酬は年0.05775％以内。これに対して、終身保険の場合、初年度の代理店手数料率を年間保険料の30％として、「契約期間は30年で、他に一切費用がかからない」という非現実的な設定で計算しても、費用は年率1％。良心的な投資信託（例えば「オルカン」）の約17倍となる
また、T&Dフィナンシャル生命保険のサイトには、不完全ながら情報が開示されているので、これに基づく試算も示す。投資信託で保険料を運用する「ハイブリッド つみたて ライフ（告知あり型）」の場合、保険期間中「契約締結関連：年率 0.38％〜3.37％」「死亡保険金関連：年率 0.0060％〜15.3015％」「資産形成サポート金関連：年率 0.2950％〜4.8196％」「運用関連：年率0.275％〜年率0.517％」などの費用がかかる。上記のうち、最も低い年率をそれぞれ選んで合計しても0.956％、最大では24％。最低でも、良心的な投資信託の約17倍の費用がかかる計算だ

# 第2章

# 私たちは、既に「最強の終身医療保険」に入っている

では、五十嵐家が加入している保険を具体的に見ていきましょう。次の5本ですね。

### ① 米ドル建て終身保険

| | |
|---|---|
| 保険金額 | 死亡時15万ドル（夫・有司の死亡時に支払われる） |
| 保険料 | 月337.76ドル（46歳まで払う） |

### ② 収入保障保険

| | |
|---|---|
| 保険金額 | 死亡時から月額25万円（夫・有司の死亡時、65歳まで） |
| 保険料 | 月9416円（60歳まで払う） |

### ③ 学資保険

| | |
|---|---|
| 保険金（満期金）額 | 200万円 |
| 保険料 | 月9399円（子どもが17歳、有司が53歳になるまで払う） |

### ④ 終身医療保険

| | |
|---|---|
| 保険金額 | 入院日額1万円ほか（夫・有司） |
| 保険料 | 月7869円（55歳まで払い、保障は一生涯） |

### ⑤ 終身医療保険

| | |
|---|---|
| 保険金額 | 入院日額1万円ほか（妻・美香） |
| 保険料 | 月7476円（55歳まで払い、保障は一生涯） |

保険料が一番高いのは、米ドル建て終身保険です。「この米ドル建ての保険、何とかならないだろうか」と、そういう思いはお持ちですよね？

まあそうですね。

この**終身保険を解約すると、月々の家計はかなり楽になります**よね。

それはそうですけど……。夫に万一のことがあったときに、保険金がもらえなくなりますよね。それは不安です。

うん、万一のときに15万ドルもあればね。自分が死んでも家族は安心できるし、結婚したときに「これだけは絶対」と思って、終身保険に入ったんです。それに、もしも無事に長生きしたなら、お金が返ってくるから、絶対に損しないと思って。

## 保険に「埋蔵金」が隠されている

なるほど、そういうことでしたか。ともあれ、この保険には、今の為替レート(1ドル＝約140円)で、少なくとも400万円ほどのお金が貯まっています。解約する時期にもよりますが、**終身保険を解約すれば、解約返戻金が戻ってくる**ものですから。

確かに、言われてみれば……。そんな金額になるんですね。

はい。私は**「埋蔵金」**と呼んでいます。それで、事前に送付していただいた保険証券のコピーからこの金額を確認して「五十嵐家の場合、埋蔵金が400万円はある。だから、今回は良いご提案ができるはずだ」と思いました。「とても良い時期に相談の申し込みをいただいた、ずいぶん家計が楽になるはずだ」と感じたんです。

本当ですか?

はい。これから、自動車保険の加入法にならって、「医療保険」から見直していきますが、「既に加入中の保険に400万円が貯まっている」「埋蔵金がある」ことを忘れないでください。

## 誰もが入りたくなる「医療保険」

お二人がそれぞれ加入なさっている「医療保険」。これは、ケガや病気に備えたいということでお入りになったんですよね？

そうですね。

ご契約内容を再度、確認しておきましょう。

### 4 終身医療保険

| | |
|---|---|
| 保険金額 | 入院日額1万円ほか（夫・有司） |
| 保険料 | 月7869円（55歳まで払い、保障は一生涯） |

### 5 終身医療保険

| | |
|---|---|
| 保険金額 | 入院日額1万円ほか（妻・美香） |
| 保険料 | 月7476円（55歳まで払い、保障は一生涯） |

お二人の契約では、**入院時に1日当たり1万円の「入院給付金」**が、入院1日目から、いわゆる「日帰り入院」でも支払われます。また、**手術の種類に応じて5万～20万円の「手術給付金」**が支払われます。

この医療保険には、お子さんが生まれる前からお入りになっていますよね。

はい。医療保険は子どもがいるとか、いないとかに関係なく、入ったと思います。

なるほど。実際、生命保険の個人契約では、「医療保険」の契約件数が一番多くて、4000万件以上あります(*1)。各種共済なども加えると5000万件を超えているでしょう。それは、美香さんがおっしゃるように、家族構成などに関係なく、誰でも必要性を感じるからだと思います。

皆、考えることは同じなのかもしれないですね。

## 医療保険の必要性は低い

そうですね。医療保険の必要性を感じる人は、非常に多い。けれど、私は逆に、**医療保険の必要性はもともと低い**と見ています。

なぜでしょうか？

**医療保険では、何かあったときに受け取れる給付金が高額になりにくい**からです。例えば、**入院給付金の平均は1件当たり約9万3000円**、**手術給付金は9万5000円ほど**です(*2)。

こうした数字を知ると、どうしても医療保険で備えるべきだとは思えないんです。例えば、入院したり、手術したりしたときには100万円くらいかかるのが普通で、入院給付金や手術給付金の額も1件当たり100万円ほど、といった事実でもあれば検討してもいいですけどね。

ケガや病気で入院したときなどに、9万円や10万円でももらえると助かると思いますけど。

確かに、入院したときに給付金を受け取ることができればありがたく感じるかもしれません。ただ、私は「五十嵐家には、既にたくさんお金がある」と思っているんです。

## 「自分のお金」があれば、保険は要らない

先ほど、お話ししたように、終身保険に、少なくとも400万円のお金が貯まっています。医療保険に加入しておくと、確かに入院時や手術時に9万～10万円程度の給付金を受け取れるかもしれません。そうであるとしても、現金400万円があるなら、**「それくらいのお金ならとっくにある。だから、わざわざ医療保険に入らなくてもいい」**と言えると思うんです。

そうかぁ。

終身保険を完全に解約しなくても、減額といって部分解約する手もあります。そうすると数十万円から100万円くらいは簡単に用意できます。

**医療費を払うとき、お金の出どころは関係ありません**よね。病院の窓口では、保険会社から振り込まれたお金しか受け取ってもらえない、なんてことがあれば、話は別ですが、そんなことはなくて、お金であれば何でもいいわけです。だったら、「自分のお金で対応できる」「数回入院したってお金が余るくらいだ」と、判断するんです。

なるほど。ただ、当面は問題ないとしても、老後はどうでしょうか？　本当に大丈夫でしょうか？

老後のお金はやはり気になりますよね。それで、厚生労働省のサイトで、65歳以降の医療費ってどれくらいかかるのかを調べてみました。自己負担は月額いくらくらいだと思いますか？

う〜ん……1カ月に2万円とか、それくらいはかかりそうな気がします。

## 老後の医療費は1カ月7000円で済む

そうですよね、ところが高齢者が自己負担する医療費は、月額7000円くらいなんです。

本当ですか？

厚生労働省のサイトにある「医療保険に関する基礎資料」を見るとわかるんです(＊3)。

この資料に「年齢階級別１人当たり医療費、自己負担額及び保険料の比較(年額)」が出ています。そこから「自己負担額」を抜き出してグラフにしました。次ページをご覧ください。

図2-1 医療費の自己負担額

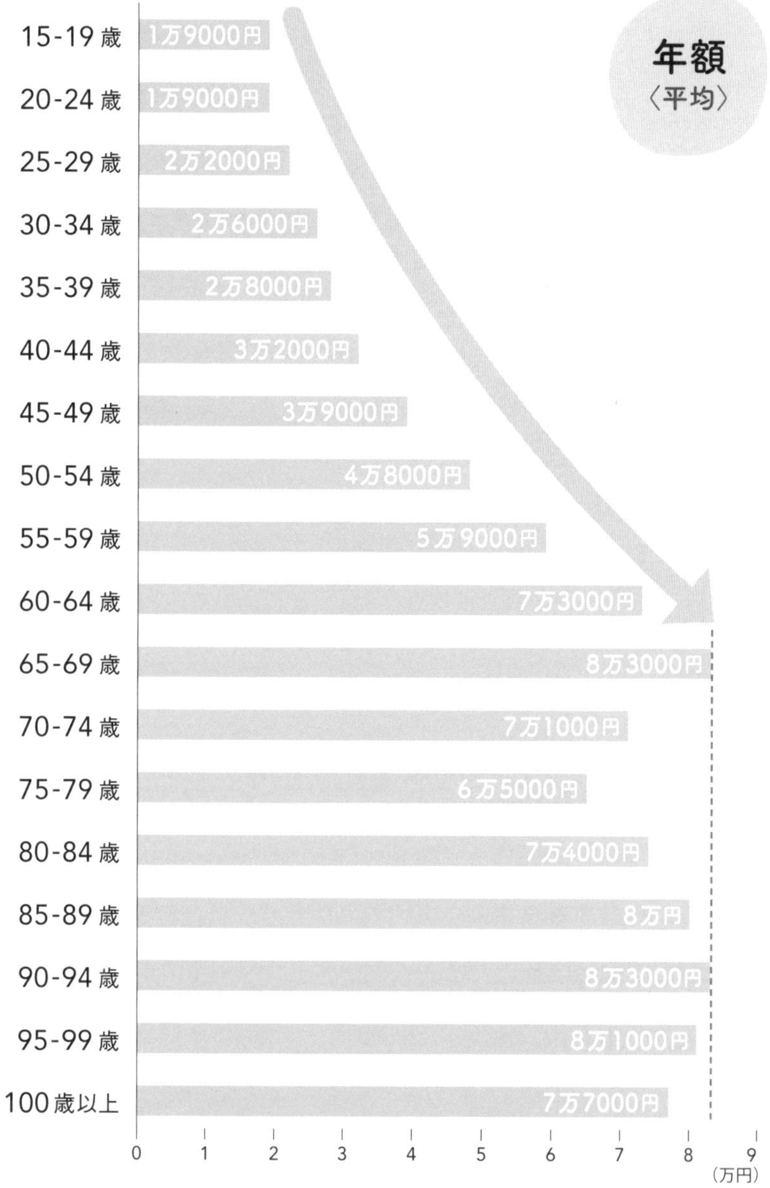


※ 厚生労働省「医療保険に関する基礎資料～令和２年度の医療費等の状況～(令和5年1月)」を基に作成

ご覧の通り、年齢が上がるにつれて自己負担額も上がる傾向にありますが、65歳以上も含めて、すべての年齢区分で年間8万3000円を超えることはないという結果になっています。

月額のほうが、家計のやりくりを想像しやすいかもしれないと思って、月額に換算したグラフも作りました。すると、月々の負担は高くても7000円を超えません。

図2-2 医療費の自己負担額

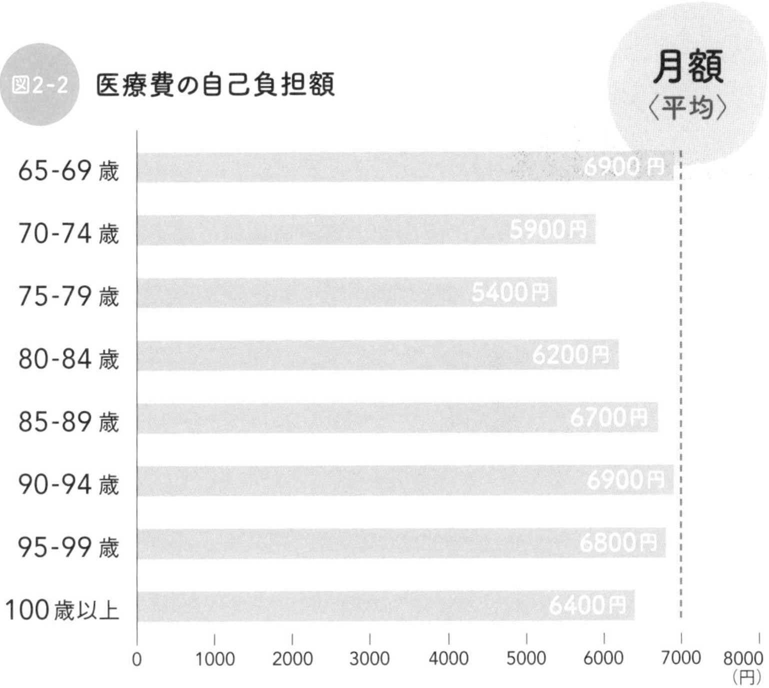


※ 厚生労働省「医療保険に関する基礎資料～令和2年度の医療費等の状況～(令和5年1月)」を基に作成

正直、意外です。

私も意外でした。もちろん、入院して10万円単位のお金がかかる月もあるのかもしれません。ただ、何事もなく過ごす月もありますよね。ですから、平均するとこの程度なのかなと感じています。

ずいぶん少ない気がします。

## 「最強の終身医療保険」とは？

**国の医療保険制度**のおかげだと思います。五十嵐家なら、有司さんの勤務先の「健康保険」ですね。私のような自営業ならば「国民健康保険」です。医療費ってもともと、**保険診療なら、現役世代でも、自己負担は3割まで**ですよね。それが高齢者になるともっと軽くなって、**70歳以上では原則2割、75歳以上だと1割**ですね。

さらに**国の制度で、個人の医療費の自己負担額には上限がある**んです。「高額療養費制度」ってご存じですか？

いいえ。「聞いたことがあるかなぁ」と思うくらいです。

こちらの表をご覧ください。月初から月末まで、1カ月の医療費が100万円かかった場合、個人の負担額がいくらになるか計算しています。

図2-3 高額療養費制度（70歳未満）

▶ 月初から月末まで、医療費が100万円かかった場合

| 年収区分 | | 自己負担額（世帯ごと） | 多数回該当 |
|---|---|---|---|
| 住民税非課税者など | | 3万5400円 | 2万4600円 |
| 年収 | 370万円未満 | 5万7600円 | 4万4400円 |
| 年収 | 約370万～770万円 | 8万7430円 | 4万4400円 |
| 年収 | 約770万～1160万円 | 17万1820円 | 9万3000円 |
| 年収 | 約1160万円以上 | 25万4180円 | 14万 100円 |

五十嵐家の場合、こちらの表の区分ではどこに該当しますか？

年収370万～770万円のところですね。

そうすると、1カ月8万7430円ですね。

医療費が100万円かかっても8万7430円で済むのですか？

そうなんです。収入が低ければ、さらに限度額が下がります。70歳以上の人では、次の表のようになっています。

図2-4 高額療養費制度（70歳以上）

▶月初から月末まで、医療費が100万円かかった場合

| 年収区分 | | 外来（個人ごと） | 自己負担額（世帯ごと） | 多数回該当 |
|---|---|---|---|---|
| Ⅰ住民税非課税世帯（年収80万円以下など） | | 8000円 | 1万5000円 | — |
| Ⅱ住民税非課税世帯 | | 8000円 | 2万4600円 | — |
| 年収 | 約156万～370万円 | 年：14万4000円 | 5万7600円 | 4万4400円 |
| 年収 | 約370万～770万円 | 8万7430円 | | 4万4400円 |
| 年収 | 約770万～1160万円 | 17万1820円 | | 9万3000円 |
| 年収 | 約1160万円以上 | 25万4180円 | | 14万 100円 |

## 「多数回該当」って何ですか？

**過去12カ月以内に3回以上、限度額に達した場合、4回目から「多数回該当」となって、さらに限度額が下がる**という制度です。とても助かる仕組みだと思います。

そんなわけで、民間の医療保険にわざわざ入る必要はないと私は思っているんです。**私たちは既に「最強の終身医療保険」に加入済み**だと思ってください。国の医療保険制度と民間の医療保険との違いを表にしてみました（下図）。

まず、**民間の保険は健康でなければ加入が難しい**です。**持病があっても加入できる保険もありますが、保険料はかなり割高**になります。

その点、**国の医療保険制度は誰でも加入できます。いわば「持病があっても入れる医療保険」**ですよね。

図2-5　民間の医療保険と国の医療保険の比較

| | 民間の医療保険<br>商品 | 国の医療保険<br>制度 |
|---|---|---|
| 加入条件 | 条件あり | 無条件 |
| 保障の範囲 | 限定的 | 幅広い |
| 保障の内容 | 支払う保険料に<br>応じて異なる | 支払う保険料に<br>関係なく一律 |

言われてみたらそうですね。

## 誰の負担に上限を設けるか?

保障内容も民間の保険では限定的です。入院保障と言っても、検査入院は対象外、治療目的の入院でも、入院給付金が支払われるのは1回につき60～360日、通算で1000日といった縛りがあります。**「保険会社の負担」に上限**を設けているわけです。

一方、国の医療保険制度では、入院はもちろん、風邪や虫歯から集中治療室での治療まで幅広く対応しています。その上で高額療養費制度のように、**「個人の負担」に上限**を設けています。この点も、民間の保険とは対照的です。

健康保険の保険料って給与天引きですし、内容についてあまり考えたことがなかったです。

そうですよね、私もこの表のような視点を持ったのは、保険業界に転職後、かなり時間が経って「民間の保険って会社側の人が言うほど良いものだろうか？」と感じるようになってからなんです。

## 保険は「資金調達の方法」である

そもそも**民間の保険では「受給額＝保険料－保険会社の経費と利益」**ですから、**加入者側から見ると、負担が受給を上回ります。**

既にお伝えしたように、ライフネット生命の開示情報などから見て、**民間の医療保険や死亡保険というのは「6万円弱の給付金を受け取る権利を、10万円の保険料を払って買う」ような構造です**（第1章）。

「不安を安心に変える」といった、保険会社の広告などにありがちな文脈から離れて、素朴に「資金調達の方法」として評価すると、民間の保険は、とても費用が高くつく仕組みになっているわけです。

保険会社が多くの経費をかけて販売しても、利益が残る仕組みだということですよね？

はい、そのような認識でいいと思います。また、**民間の医療保険では、保障内容は料金相応**です。**入院給付金を日額5000円から1万円に上げたい人は2倍の保険料を払ってください、というのが基本的な考え方**です。収入が少ない人の場合、諦めざるを得ませんよね。

そうですね。

一方、**国の医療保険は、運営に税金も投入されていますし、会社員の場合、企業が保険料の半額を負担**します。75歳以上の人が加入する「後期高齢者医療制度」では、後期高齢者の自己負担は1割で、4割が現役世代、5割が税金です。

会社が負担する保険料について、「その分だけ、給料が減らされているはず」と言う人もいます。ですが、仮に会社負担がなくなったとしたら、会社は給料を上げるかというと、どうでしょう。

上げない気がしますね。

はい。したがって、保険料負担と給付金受給の関係だと、**国の医**

**療保険では負担を受給が上回る**はずだと思うんです。そして、高齢者と低所得者では、さらに受給が負担を上回る割合が大きくなるでしょう。民間とは逆ですよね。

確かにそうですね。

しかも、収入が低く保険料が安い人も、そうでない人と同じ保障が提供されています。仮に、保険料を2万円払っている人と1万円で済んでいる人がいて、1万円しか払っていない人は、2時間かかる手術を受けていても1時間で麻酔が切れるとか、想像すると怖いですよね？(笑)

そういう想像はしたことがないですけど、怖いです。

でも、そんなことはなくて、保険料が2万円でも1万円でも、麻酔は2時間効くわけです。誰でも同じ医療を受けられるわけです。

確かに。

ですから、既に保障が一生涯続く「最強の終身医療保険」に入っている、民間の医療保険より断然いい保険に加入済みだと認識したいんです。

## 長寿化で保険はどうなる?

実際、保険会社の内勤部門の人たち――営業部門と違って、商品の販売促進に役立つ情報に感化されていない人たち――ですね、彼らは国の制度などをよく理解しているので、自社の医療保険に入りたがらないんです。**国の医療保険制度のおかげで、医療費の自己負担には上限があるから、上限まで自費で対応するほうが賢い**、自社の商品に頼ると余計な費用がかかる、と冷静に見ているわけです。

なるほどなぁ。わかりました。考えてみれば、健康保険の保険料、たくさん給料から引かれていますしね。

そうです。先ほど美香さんがおっしゃったように、保険料が給与天引きだから、保障内容を確認していない人が多いのかもしれません。でも、**国の保険にもかなりの額の保険料を払っている**んですよ。

先ほどの厚生労働省の資料から、保険料負担を抜き出して作ったのが次の図です。年額で出ていたので、月額に換算しています。ご覧の通り、20代後半から月額2万円台に達し、30代半ば以降は60歳になる前まで、毎月2万5000〜3万円ほどの負担が続くのです。生涯で1000万円を超える保険料を払う人も珍しくないでしょう。

ですから、保険会社の内勤部門の人たちのように、国の制度などをよく理解していたら**「この上、民間の保険にお金を使うのは疑問だ」**と考えるもの当然かと感じます。

本当ですね。ただ、どうなんでしょう？　将来、国の医療保険制度が変わる、保険料が上がって、給付は減る、今ほど良いものではなくなる、そういうことも考えられますよね？

おっしゃる通り、**国の医療保険や年金制度の将来を不安視して、民間の保険商品を薦める人**もいます。**「これからは自助努力が欠かせない」**という論法です。

やっぱり、そうですよね！

図2-6 国の医療保険の保険料

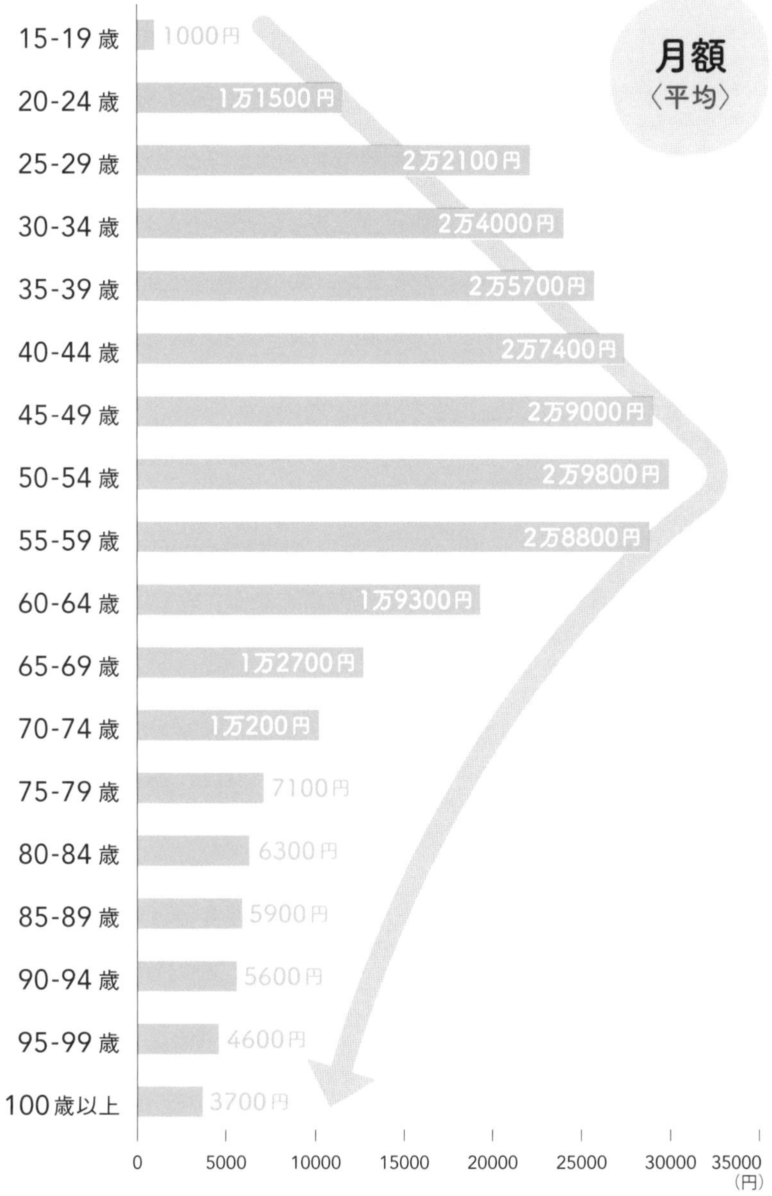


※ 厚生労働省「医療保険に関する基礎資料～令和２年度の医療費等の状況～（令和５年１月）」を基に作成。「月額＝年額÷12」で計算し、100円未満は四捨五入

はい。確かに、国の医療保険制度における高齢者の自己負担は、増えてきています。昔は70歳以上になると、病院の窓口で支払う自己負担がゼロだったんですよ。

お年寄りの医療費はタダだったのですか!?

そうですね、高収入だと無料にならない、そういう「所得制限」はあったようですけどね。でも、高齢化が進むにつれて、お年寄りにも医療費を払ってもらおうということになり、徐々に自己負担が増えてきているんです。

だんだん、厳しくなっているのですね。

はい。制度改定の歴史を知ると、民間の医療保険に頼りたくなる気持ちもわかる気がします。とはいえ、**国の制度の先行きが厳しいからといって、民間の保険の使い勝手が良くなるわけではありません。**それはまた別の話です。

**民間の保険が、給付を受けるのに多くの費用がかかる仕組みであることは変わりません。**なので、極力、利用しないほうがいいという考え方も、変えないほうがいいはずなんです。

視点を保険会社の側に移してみましょう。**保険会社の立場に立てば、常識で考えて「長寿化が進むと、給付金を支払う機会が増える。そうすると、医療保険の保険料は値上げしなければ利益が出ない。値上げせざるをえないだろう」**と思えませんか？　つまり、国の保険制度で国民の負担が増えているのと同じ流れです。

確かにそうですね。

ですから、国の制度への不安を語り、民間の保険を薦める、そういう販売手法に接したときは、いつも「原理原則」に立ち返るとよいと思います。

原理原則ですか？

## 自動車保険のように医療保険を考える

自動車保険の入り方を思い出してみてください（第1章）。自動車保険では、皆さん、賠償責任保険には必ず入るけれど、車両保険には入らなかったり、10万円までの修理費は自己負担するといった条件を付けて、保険料を下げたりします。有司さんもそうでしたね？

はい。

それは、賠償責任保険で保険金が支払われるのは、事故で人を死に至らしめた場合など、億単位のお金がかかるかもしれない場合だからです。そして、車両保険に入らないのは、修理費だったら、自分のお金で何とかなることが多いからです。

確かにそうでした。

しかも、大きな賠償責任が生じる事故というのは、めったに起きないので、**賠償責任保険は、少ない保険料で、大きな保険金を受け取ることが可能**です。つまり、保険の最もいいところを引き出せます。

実は、死亡保険と医療保険は、賠償責任保険と車両保険と同じ関係にある、という話もしましたね。つまり、次の図のような関係です。

図2-7 自動車保険の「賠償責任保険」と「車両保険」の違い

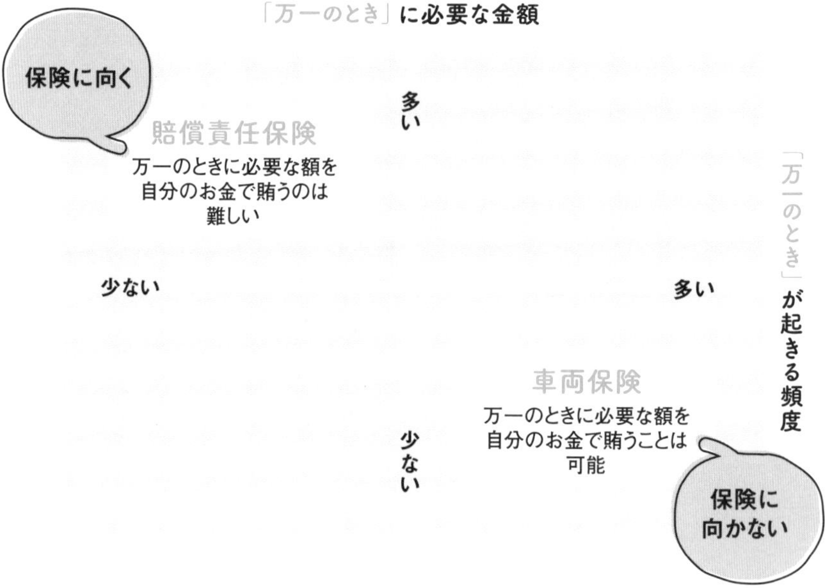


図2-8 現役世代が入る「死亡保険」と「医療保険」の違い

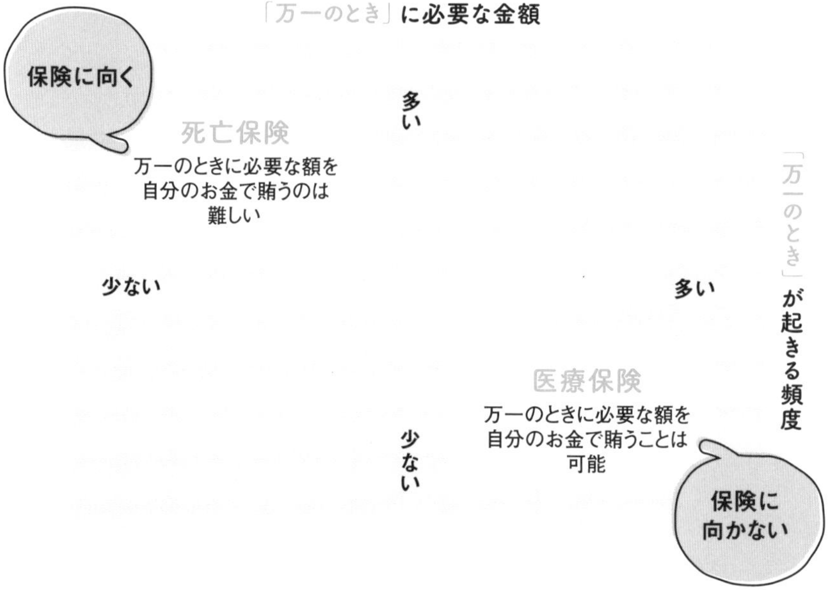

## 「保険で備える」のに向く3条件

ここから、**「保険で備えるのに向くこと」の条件**が、見えてくると思います。私が考えるに、3つあります。

**1　めったに起きない　こと**
**2　自己資金では対応できない大金が必要になる　こと**
**3　いつ起こるかわからない　こと**

**頻繁に起きることに保険で備えてしまうと、保険料が高くなります。**だから、めったに起きないことに限定して使ったほうがいい。そして、保険はそもそも手数料などの諸費用が高くつく仕組みですから、**自己資金で対応できるなら、自己資金で対応したほうがいい**ですし、**いつ起きるかわかっていることなら、その時期を目標に自己資金を増やしていく**ほうが、保険を使うよりいいはずです。

そう考えると、**老後の医療費の支払いは、頻繁に発生する**ことなので、安い保険料で手厚い保障を得るのは難しい、と冷静になれるでしょう。しかも、**医療費の場合、国の制度で自己負担には限度額がありますから、自己資金で対応しやすい**はずです。いつお金が必要になるのかも、あらかじめ、見当はつきますよね。**老後は、急に訪れるわけではない**ですから。

そうですね。

この3点に照らすと、一般の人にとって、保険での備えが検討に値するのは、おそらく有司さんのように、子育て中の世帯主が、一定期間、利用する死亡保険くらいなんです。

図2-9 「保険で備える」のに向く3条件 ―自動車で考える

| | 自動車事故の損害賠償 | 自動車の故障 |
|---|---|---|
| 1 めったに起きない | ○ 賠償責任を伴う自動車事故は頻繁には起きない | × 自動車の故障はわりと頻繁にある |
| 2 自己資金では対応できない大金が必要 | ○ 自動車事故の損害賠償は大きな金額になりやすい | × 自動車の修理費はすごく大きな金額にはなりにくい |
| 3 いつ起こるかわからない | ○ 自動車事故の発生は予期しにくい | ○ 自動車の故障は予期しにくい |
| | ↓ 全て該当し、保険に向く | ↓ 該当しない項目があり、あまり保険に向かない |

なるほど。この原則はわかりやすいですね。医療関連は、健康保険と自費で対応するのが、確かにいい気がしてきました。医療保険は解約しようと思います。

それがいいと思います。また、あくまで私見ですが、**今後、老後の医療費負担などに関して、国の制度などが改定されるとしても、突然、大幅な変更・改悪はないだろう**とも考えています。

それはなぜでしょうか？

図2-10 「保険で備える」のに向く3条件 ―老後の医療費で考える

| | 老後の医療費の支払い | 子育て中の世帯主の死亡 |
|---|---|---|
| 1 めったに起きない | ×<br>老後の医療費の支払いは頻繁に起きる | ○<br>現役世代の突然の死亡は頻繁に起きない |
| 2 自己資金では対応できない大金が必要 | ×<br>国の医療保険制度のおかげで、大金は不要 | ○<br>世帯主の収入を失い子育ての支出は残る |
| 3 いつ起こるかわからない | ×<br>老後の訪れは予期できる | ○<br>現役世代の突然の死亡は予期しにくい |
| | ↓<br>**全て該当せず、明らかに保険に向かない** | ↓<br>**全て該当し、保険に向く** |

政治家などが言い出した場合、選挙で負ける、少なくとも大苦戦するだろうと思うんですよ。

それはそうかもしれない。

そういうことでしたか。確かに、急に悪くはならない気がしてきました。ただ……**「がん保険」は入らなくてもいいのでしょうか？** 先進医療や自由診療にはすごくお金がかかるとか聞くと心配です。担当の人からも「そろそろ、がん保険も検討しませんか」と言われているんです。

それに、うちの家系って「がん家系」なんですよ。

わかりました。では、ここからは「がん保険」についてお話ししましょう。

＊1.生命保険協会「生命保険の動向 2022年版」
＊2.生命保険協会「年次統計（2021年度）」の「保険金・年金・給付金明細表」を基に試算
＊3.厚生労働省「医療保険に関する基礎資料～令和2年度の医療費等の状況～（令和5年1月）」

# 第3章

# がん保険はどうする?「病名別の保険は意味不明」

ここからは「がん保険」についてお話ししましょう。まず、「がん家系」ですね。

ええ、私のうちが「がん家系」なので、がん保険、入ったほうがいいのではないかと。

## がんは、それほど遺伝しない

「がん家系」は、珍しいものでなく、多くの人に当てはまるだろうと思います。次のグラフをご覧ください。

図3-1 がんの罹患リスク

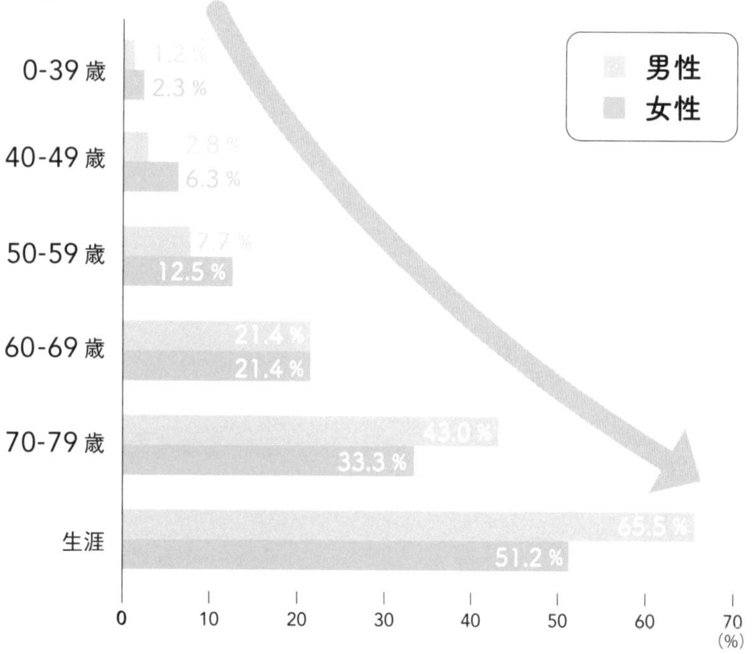


※ 公益財団法人がん研究振興財団「がんの統計2023」より(2019年のデータに基づく)

公益財団法人がん研究振興財団「がんの統計2023」から、数字を引いています。**一生涯でがんにかかる人の割合は、男性が65.5%、女性でも51.2%ですから、2人に1人より多い計算**です。それなら、家族や親族の中にがんにかかったことがある人やがんで亡くなった人が何人もいても不思議ではないでしょう。

私の親族も半分くらいががんで亡くなっていますけど、確率的に妥当な結果かと受け止めています。

なるほど。

ただ、遺伝によるがんは数パーセントらしいです。

えっ、本当ですか？

はい。医師や研究者が書いた書籍をいくつか読めば、「遺伝的要因で起こるがんは、とても少ない」ことが確認できます(*1)。

それは意外ですね。

遺伝より、生活習慣などの影響が大きいようですね。家族で食事の好みが似ているとか、ありそうですし。

なるほど、そんな気もしますね。

がんが、それほど遺伝しないことは、保険会社も認識しています。SBI損保のサイトでは「大部分のがんは親から子へと遺伝するものではなく、加齢やその他の要因によって遺伝子が傷つくことでおこるものです」と説明されています。さらに、先天的な遺伝子変異が原因となるのは5%以下という記述もあるんです。

## 「病名別の保険は意味不明」

それで「がん保険」ってどうなんでしょう、入っておいたほうがいいですか？

担当の人に薦められて、そういえば私たち、がん保険は入っていないよね、という話をしていたんです……。

確かに気になりますよね。私も、がん保険に入るべきかが気になって、ある保険会社で、がん保険と医療保険の商品設計に関わっている方に尋ねたことがあるんです。それで、その方の回答が結論だと思っています。

どういう回答だったんですか？

**「病名別の保険商品は意味不明」**と。

どういうことでしょうか？

「医療保険」のところでお話ししたように、日本の場合、国の医療保険制度が充実していて、誰もが、既に**「最強の終身医療保険」**に加入しているようなものです。有司さんならば、勤務先で入っている**「健康保険」**が、国の医療保険制度に該当します。私のような**フリーランスなら、「国民健康保険」**です。そして、**「高額療養費制度」のおかげで、どんな病気でも、医療費の自己負担には上限がある**。その**上限額は、だいたいのご家庭が自己資金で対応できるような設定**です。

**それなのに、なぜ、民間の「医療保険」が必要なのか**。それすら謎なのに、がんに特化した**「がん保険」**が必要な理由なんて、思いつかない。「がん保険」のほかにも、**がん・急性心筋梗塞・脳卒中に備える「三大疾病保険」**や、**女性特有の疾病に備える特約**など、病名別に作られた保険商品はいろいろあるが、これらが、なぜ存在するのか、正直、理解できない、ということでした。

うーん……。

これも繰り返しになりますが、上限がある医療費の自己負担は自分で払うほうがいい。手数料などが高くつく保険は使わないほうがいい。がんであっても、脳卒中などであっても、この原則は変わらない、ということです。

それで**「では、なぜ、保険会社はがん保険を売るのでしょう？」**とお尋ねしたら**「売れるからですよ」**と（笑）。

仕事だからと割り切っている、そんな感じですか？

まあ、そうですね。保険会社の人でも個人的な体験などによって、温度差はあるかと思います。家族ががんにかかったり、自分ががんにかかったりすれば、受け止め方が多少は変わるようです。

変な話ですが、保障が過大だと感じたとおっしゃる保険会社の人もいます。「がんにかかったけど、健康保険のおかげでお金は思ったほどかからなかった。それどころか、自社のがん保険に入っていたから、大幅な黒字になった。正直、おかしい」と話す人もいるんですよ。それも1人ではないです。

がん保険で儲かってしまった、というわけですね？

ええ。ともあれ、私たちが学びたいのは、こういう人たちが、**が**

**んの体験談などを聞いて湧いてくる感情はいったん脇に置いて、「がん保険」を冷静に見ている**ことです。**がん保険を、純粋に「お金を調達する方法」として見たとき、国の制度があることも考えれば、割に合わない調達方法だと判断**しているのです。私も、がん保険の保険料は高過ぎるのではないかと感じています。

そうなのですか？

## 「50万円を160万円で買う」ようなもの

試算するとわかります。がんと診断されたときに、給付金（診断給付金）が100万円支払われるだけという、シンプルな商品で考えてみましょう。試算方法は簡単で、一生涯にがんにかかる確率から、給付金の見込み額（期待値）を出します。診断時に100万円が支払われるプランだと……、

**男性：100万円×65.5％（生涯罹患率）＝65万5000円**
**女性：100万円×51.2％（生涯罹患率）＝51万2000円**

です。これに対して、いくらの保険料を支払うのでしょうか？

加入時の年齢にもよりますが、ある保険会社の商品では、総額で160万～169万円に達しています。**50万～65万円ほどの給付権を160万円超で買うような仕組み**です。マネー誌などでも評価が高いがん保険ですけどね。

それはずいぶんですね。

保険会社の人にも言い分はあるんです。例えば、がんの診断方法が進化し、今は発見できないがんも容易に見つかるようになったら、どうでしょうか。がんと診断される人が急増して、給付金の支払いが急増する。そういう事態も想像できますよね？

確かに、そんなこともあるかもしれないですね。

ですから、いろんなリスクを反映した料金設定がなされるのは構わないと思います。ただ、あらかじめ給付を高めに見込むことで余ったお金があれば、一定の割合で返金するとか、いろんなやり方があると思うんです。何より、保険会社の情報発信に問題を感じます。特に、**がん保険では、広告などで心が揺さぶられる体験談などが流布されます**よね。

テレビCMで著名人が闘病体験を語っている、といったことでしょうか。

はい。**その一方で、保険契約にかかる費用や会社側の取り分などがさっぱりわからない**のは、困ったものだと感じます。

## がん保険は、感情を揺さぶられやすい

でも、30代や40代でがんにかかった人がテレビで「保険に入っていなくて、後悔している」みたいな話をしているのを見ると、やっぱりがん保険は必要かも？　と感じてしまいます。

そうですよね。私も、お客様から連絡を受けて、動揺することがあります。一番動揺するのは、こういう電話を受けたときです。

「後田さんの本を読んで、直接お話も聞いて納得したうえで、**私は医療保険とがん保険を解約しました。でも、その後、がんが見つかって、正直、後悔しています**。後田さんを責めるつもりはないけれど、今の気持ちはお伝えしておきたい」と。

そういうこともあるんだ。

今後も、あるかもしれません。電話でお話をうかがいながら、心拍数がどんどん上がるんです。これればかりはどうしようもないです。

それは、きつそうですね。

はい。そこで思うんです。お客様の体験談に、これほど激しく動揺する自分がいる。だからこそ、**何度でも、がん保険は「お金を調達する手段」でしかないことを、確認したい**と。

お金のことについて、正しく判断したい。そう思っているはずなのに、いつのまにか、後悔しないことが目的になりやすい。だから、落ち着いて考え直す必要があると、自分に言い聞かせています。

後悔しないことが目的ではダメなんですか？　後悔はしたくないです。

そうですよね。ただ、**「後で嘆かないように……」と考えたら、際限がない**んです。がんの診断時の給付金はもちろん、抗がん剤治療を受けるときとか、通院にも対応してほしいとか、ありとあらゆる保障を足していくことになるでしょう。そうすると支払う保険料はどんどん増えますよ。しかも、保険会社側の取り分が圧倒的に多い取引なんです。保険会社が数十パーセントを取ると見られる取引の機会を拡大することになります。

そういう……気持ちの整理って、簡単にできますかね？

いいえ。がんにかかれば、誰でも動揺します。まして、がん保険を解約した後にかかれば、なおさら動揺して、そんなお客様の話を聞く私も、気持ちを整理するどころではありません。お客様は「どうしてくれるんだ？」とはおっしゃいません。それでも、体感としては、そう言われたような感覚が残ります。そこで「だからこそ！」と、自分を落ち着かせる、その繰り返しです。

冷静になるには**「そもそも、がん保険って、存在そのものが怪しくないか？」**と自分に問いかけるのもいいと思います。

どういうことでしょうか？

## 「2人に1人がかかる」なら、保険は向かない

**「2人に1人ががんになる時代です」**「がんは他人事ではありません」みたいな広告に接したことってないですか？

それは、あるような気がします。他人事ではないから、がん保険が必要かなと思います。

そこなんです。医療保険を見直す際にお伝えした、原理原則を思い出してください。保険で備えるのに向くことには、3つの条件があ

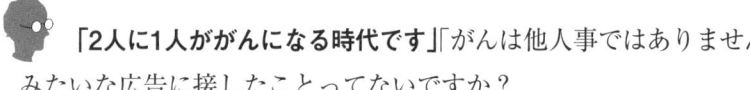

ります。

**1　めったに起きない　こと**
**2　自己資金では対応できない大金が必要になる　こと**
**3　いつ起こるかわからない　こと**

この条件に照らすと、明らかに変でしょう？　**保険の利用がふさわしいのは「めったに起きないこと」**です。**「2人に1人に起きること」は、保険に向きません**。保険は「他人事としか思えない事態」に向いているんです。

**発生率が高い事象に備えるには、お金をたくさん集めておかないといけません**よね。**だから、安い保険料で大きな保障は無理**だというのは、子どもにもわかる理屈で、時代が変わっても変わりようがありません。**それなのに、がん保険は、がんの発生率が高いことを理由に加入を勧められます**。

確かにそうだ。

だから、うがった見方をすると、私たちは、保険会社の人に甘く見られているのかもしれません。身近に感じられるがんの体験談に接した人は冷静な判断ができなくなる。だから、保険に入って安心しようとする。良くも悪くも人ってそんなものだと。

この推察は当たっていなくてもいいんです。少なくとも私の場合、こういう見方をすると、がん保険について、冷静に考え直すことができるんです。

なので、心がざわつくようなことがあったときは、「2人に1人ががんになる」という言葉に戻るようにしています。

図3-2 「保険で備える」のに向く3条件 — がん保険で考える

| | がん関連の費用の支払い | 子育て中の世帯主の死亡 |
| --- | --- | --- |
| 1 めったに起きない | ×<br>「2人に1人がかかる」くらい頻繁に起きる | ○<br>現役世代の突然の死亡は頻繁に起きない |
| 2 自己資金では対応できない大金が必要 | ×<br>国の医療保険制度のおかげで大金は不要 | ○<br>世帯主の収入を失い子育ての支出は残る |
| 3 いつ起こるかわからない | △<br>がんの罹患は予期しにくいが、老後に多いという傾向はある | ○<br>現役世代の突然の死亡は予期しにくい |
| | ↓<br>該当しない項目があり、保険に向かない | ↓<br>全て該当し、保険に向く |

## どうして、がん保険で利益が出るのか？

なるほど、そう言われてみると、がん保険って、怪しいですね。ただ、今のお話を聞くと、保険会社ががん保険を売るのは、無謀な気がしてきます。2人に1人に保険金を払っていたら、利益が出ないんじゃないですか。

そうですよね？　それで、先の商品設計の専門家や他の関係者にもお尋ねしたところ、こんな説明を受けました。

「基本的に高齢者に多い病気だが、保険に加入するのは現役世代の人たちだから、すぐに給付金を支払うようなことにはなりにくい」

「2人に1人ががんになるとしても、商品を設計する段階で、2人に1.5人ががんになると仮定するなど、給付金を支払う可能性を高めに見込む。そうすると保険料は高くなるが、その分、会社にお金が残る」

「入院日数に対応した保障がセットされたプランの場合、通院治療が主流になると、やはり会社にお金が残る。各種の治療法に対応した保障についても、その治療が行われる確率がわかれば、会社にお金が残る保険料の設定は可能。したがって、様々な保障を組み合わせることで、会社のリスクを軽減できる」

ということでした。要は確率論が通用するかどうかなんです。

仮に**「戦場の最前線にいる兵士を対象にした死亡保険が商品として成立するだろうか？」と想像してみるといい**と思います。今日明日にでも、加入者全員が同時に保険金支払いの対象になってもおかしくないんです。無理ですよね？ 保険料は、全員の保険金総額に保険会社の経費などを乗せた額になり、分割ではなく、加入時に一括で払ってもらわないと、会社としては困るでしょう。そうすると、**「戦死したら3000万円出します。つきましては、従軍前に3200万円払ってください」**といった話になるわけです。

ありえないですよね。

はい。保険……というより商品になりません。

先ほどのシンプルな兵士向けの保険に比べれば、がん保険は、保険会社にとって余裕がある商品設計が可能になると考えられます。加入者全員に保険金を支払うことになるとは、さすがに考えにくいですし、支払うまでに時間の余裕もある。加えて、商品設計を複雑にすることで余裕を持たせることも可能、というわけです。



## 先進医療のために、がん保険？

がんだと、健康保険がきかない(*2)ときもあるって聞きました。**「先進医療」**を受けたいなら、数百万円の費用が自己負担になるって。だからやっぱり、がん保険が必要だって。

その**先進医療について「保険を売るネタにしてほしくない」と言う医療関係者もいる**んですよ。

どういうことでしょうか？

そもそも、先進医療って「まだ効果が確認できていない実験段階の医療」なんです。保険相談にいらした医療関係者の方々が口をそろえたように「『先進医療は、健康保険がきかないので、民間のがん保険などで備えましょう』という保険会社の論法は疑問だ」とおっしゃいます。

そうなのですか？

はい。確かに、健康保険が適用されず、300万円くらいの実費がかかる先進医療があって、効果が見られる例もあるそうです。とはいえ、「結果には個人差もあるし、一般化できるほどの事例の積み上げはない。現時点ではそういう不確かな医療なんだ」と言われます。

そんな先進医療も、事例が積み上げられ、効果が認められるようになれば、健康保険の対象になり、保険がきくようになります。例えば2018年には、前立腺がん治療の陽子線治療と重粒子線治療に、健康保険が適用されることになりました。この2つの治療の適用対象となるがんは、2022年にも追加されています。

それまで自由診療で、約300万円の実費がかかっていた治療でも、健康保険の対象になれば、自己負担は3割なので約100万円、さらに「高額療養費制度」があるので、一般的な収入の人なら、最終的な自己負担額は月額 9万円弱とか 6万円弱とかです。

やっぱり健康保険の存在は大きいですね。

ええ。ですから、私は、**先進医療については、実験が繰り返されて健康保険の対象になるのを待っていたらいい**と考えています。

その他の**「自由診療」**や**「未承認薬」**についても同じです。有効性が実証されていない選択肢に、あまり熱くなるのはどうかなぁと思っています。

救われない命が救われるのでは？　と想像していましたけど。

私もそういうイメージを持っていましたが、どうも違う気がしています。むしろ、**健康保険が適用される「標準治療」に対する見方を変えるほうがいい**かもしれません。

## 「標準治療」は侮れない

**標準治療の「標準」は、「まあまあ」とか「そこそこ」ではなくて、様々な事例を積み上げた結果、「選ばれた治療」**という認識が適切ではないかと感じます。「標準＝並み」ではない、優れた効果が認められている治療なんだと。

海外の金融機関で仕事をなさっていた人たちとお会いしても、「日本はアメリカやイギリスとは全く違う。国の医療保険制度のおかげで、国民の負担が少なく、まともな医療にアクセスしやすい」と、おっしゃいます。海外で生活してみて「日本にいるときは当たり前のように感じていた医療が、ずいぶん恵まれていると思うようになった」と。

そうなんだ。じゃあ、がん保険は入らなくてもいいですかね。

私だったら入らないです。特に五十嵐さんの場合、仮に、数百万円のお金がかかるような治療法や薬に頼りたい状況になったとしても、先ほどお話ししたように、終身保険を今、解約すれば、少なくとも400万円が手元に残るわけです。なので「先進医療を受けるお金ももう用意できている」ということで、新たな保険への加入は考えなくてもいいかと思います。

そうか……。やっぱり、終身保険が本丸なんですね。

後田さんは、がん保険には入っていないのですか？

私の場合、**国民健康保険はがん保険でもある**、と認識しています。がんにかかったとしても、国民健康保険が医療費の自己負担を抑えてくれるし、再発にも対応してくれる。若いときからずっと保険料も払っているし、他の保険は要らないと、そんな感じです。

どうしても、老後に大金がかかったらどうしようとか、思うんですよね。

## 病気による収入減少に、どう備えるか？

そうですよね。でも、がんに限らず、病気が原因で破産した人って、少なくとも私は知らないです。国のセーフティーネットが機能しているからだと思うんです。

また、**老後の大病は、残念ながら「不測の事態」ではなくて、よくあることなので、保険での備えには不向き**です。基本的には、老後までの準備期間が長いので、自己資金を蓄えておくのがいいと思います。五十嵐家では、今回、保険の見直しもできつつありますし、お金を貯めていってください。

わかりました。ただ……、実は、保険の担当の人から提案されているがん保険には「収入保障」があるんです。

がんの治療費は健康保険でカバーできたとしても、僕らみたいな年齢だと、収入減が問題になると、そういう話でした。

収入が減ると貯蓄もできなくなりそうですよね？

おっしゃる通り、**今どきのがん保険では、収入減に焦点を当てた提**

**案がなされています**。確かに、現役世代では、がんにかかった後、収入の維持が難しい人もいるでしょう。

ただ、**収入が減るのは、がんにかかったときだけではありません**よね。精神疾患でも心臓の病気でも、何かしら仕事を制限することになると、収入は減るのではないかと思います。

**収入減の問題は、がんに限らないはずなのに、なぜ、新しいがん保険のプレゼンテーションのときにばかり、話題になるのか？**　と考えると、他の病気と違って、認知度が高いがんという病気には、広大な保険マーケットがあるからではないか？　と、私はそんなふうに見ています。

突然の収入減は確かに大きなリスクで、良い保険商品があるといいなとは思うんです。先ほど見ていただいた［図3-1］にあるように、60歳未満だと、がんにかかる確率は10％前後です。そうであれば、60歳までの期間限定で、がんによる収入減に備える場合、安い保険料で手厚い保障を持てそうです。

そこで、例えば「10万円の保険料のうち、9万円が給付に回ります。7000円が代理店手数料などを含む諸経費で、3000円が会社の利益になります」といった情報が開示されている商品が登場したら、検討に値すると思います。

でも、現状は「収入減」に対する不安を喚起しておいて、契約に要する費用などは伏せられたままです。だから、大人の常識で「怪しい、うさん臭くないか？」と警戒したいんです。フェアじゃない気がするからです。

うん、確かにそうですね。

**がんには制御しがたい感情が絡む**だけに、もう少し、諸費用など判断材料が欲しいと思います

そういえば、「働けなくなったときのための保険」もありますよね？

「就業不能保険」ですね。

そうです。

実は、就業不能保険についても、健康保険など、国の医療保険制度の保障内容から判断できることがあるんです。

＊1.『世界中の医学研究を徹底的に比較してわかった最高のがん治療』(津川友介、勝俣範之、大須賀覚 著／ダイヤモンド社)、『最高のがん治療、最低のがん治療』(大場大著／扶桑社新書)など参照

＊2. ここで言う「健康保険がきかない」とは、国の医療保険制度(有司の場合、勤務先の会社の「健康保険」)の対象外であること

# 第4章

# 「入院で必要なのは治療費だけではない」けれども

では、美香さんが気にされていた**「就業不能保険」**について、お話ししましょう。

夫が働けなくなったときに備えられると聞いて、それはいいかもと思ったんです。

美香さんのように感じられる方は多く、アフラック(生命)が2016年に「給与サポート保険」を発売したころから、お客様に尋ねられることが増えました。

アフラックのテレビCMがわかりやすかったのでしょう。入院中の夫の病室に、子どもを連れた妻がやってきて、問いかけるんです。

**「医療保険じゃ、治療費しか助けてくれないじゃないの！」**
**「ローンとか、子どもの教育費とか、どうするの？」**

と。確かに、子育て中の世帯主に不測の事態があったからといって、住宅ローンや教育費の出費は減らせないと想像すると、民間の保険で補填する必要を感じる人は多いと思うんです。

その気持ち、すごくわかります。

具体的には、どういう保障が受けられるんですか？

保険会社が定める「病気やケガで仕事に就けない状態」が、60日や180日を超えて続く場合などに、月々20万円とか30万円といった給付金を、最長で60歳や65歳まで受け取れる商品が主流でしたが、多様化が進んでいます。

例えば、31日目から給付金が支払われるけれど、保障は最長1年という商品や、従来の保障に追加して、治療目的で14日以上継続して入院したときに入院見舞金が支払われるといった商品も出てきたんです。

ただ、有司さんのような**会社員ならば、健康保険に「傷病手当金」の仕組みがあるので、それでほぼ足りる**のではないかと、私は見ています。

傷病手当金?

## 健康保険は就業不能保険でもある

国の医療保険の中にある仕組みです。大まかに説明すると、**病気やケガなどで連続して3日以上働けなくなった場合、それまでの収入の3分の2に相当する金額(標準報酬月額を基準に計算)が、最長で1年半給付される**んです。

健康保険は大企業の社員が中心ですが、**公務員が加入する「共済組合」**にも、**中小企業の社員が入る「全国健康保険協会(協会けんぽ)」**にも、傷病手当金はあります。ただ、残念ながら、**自営業者が入る「国民健康保険」**にはありません。

それは知らなかったです。健康保険の保障に含まれているのですね。

そうなんです。しかも、**健康保険などの傷病手当金のほうが、民間の就業不能保険よりも役に立つ場面が多い**と思うんです。例えば、民間の就業不能保険だと、**精神疾患**で働けなくなったときの保障は限定的です。ところが、現実には、精神疾患で休業するケースは非常に多く、精神疾患でも支給される傷病手当金は心強い存在です。

健康保険、結構すごいんですね。

はい。「健康保険」って、名称が良くない気がするくらいです。**健康保険は病名を問わない「終身医療保険」でもあり、優れた「就業不能保険」「所得補償保険」でもある**んです。しかも、持病があっても加入できて、収入が低い人の負担は軽い。それなのに収入が低い人が、高収入で保険料をたくさん払っている人と同じ保障を得られる。本当に民間には無理な仕組みです。

だから、民間の就業不能保険は不要、ということですか。

図4-1 **就業不能になったときの収入の変化**

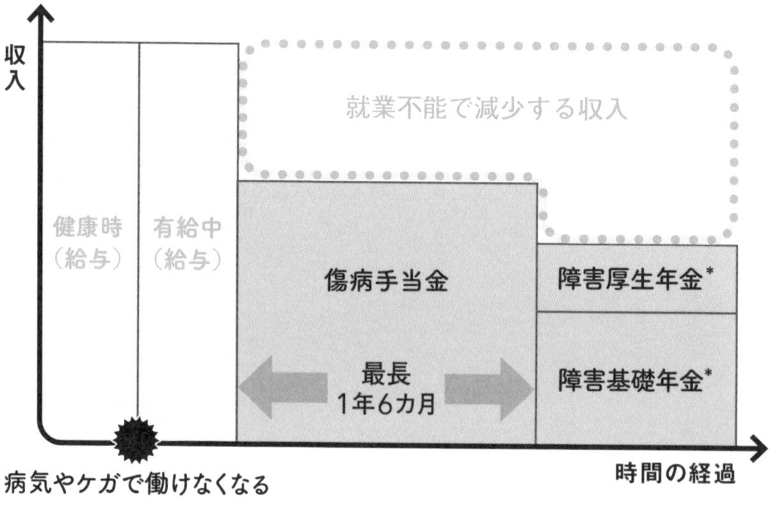


* 重度の障害を負った場合は、国の年金制度にある障害基礎年金や障害厚生年金から給付を受けることも可能

## 就業不能保険の出番は少ない

私は、中小企業の人たちが加入している「協会けんぽ」のサイトで公開されている、傷病手当金の給付状況から、**民間の就業不能保険の出番はかなり少ない**と見ています。

例えば、年度ごとの給付率です。協会けんぽの加入者のうち、傷病手当金の給付を受けた人の割合はここ10年ほど0.4〜0.6％程度で推移しています(＊1)。

傷病手当金を受け取っている人は、毎年、100人に1人に達していないと。

はい。年度ごとに切り取ったデータなので、ある人が定年までに給付を受ける確率が1％未満ということではありません。加齢によって、個人が給付を受ける可能性はもっと高くなるでしょう。

中高年になると、大きな病気にかかったりしやすくなるからですよね？

そうです。2022年度などは、コロナ禍の影響もあってか1.3％に達しています。それでも私は、2021年度までの「傷病手当金の受給率が1％未満」という数字から、民間の就業不能保険の年度ごとの給付率は1％に届かないと見ています。

先ほどお話ししたように、民間の保険は、給付対象にならない期間が60日とか180日とか、傷病手当金の連続3日よりずっと長い商品が多いですし、そもそも健康保険と違って、大病にかかっている人などは加入できないからです。

それはわかりやすいですね。

ちなみに、生命保険会社のディスクロージャー誌で確認できる死亡保険金の給付率が0.1〜0.7％程度です(*2)。この数字には、高齢者が一生涯の死亡保障がある終身保険に加入しているケースなども反映されているかと思います。

ということは……現役世代が死亡保険金を受け取る割合は、もっと少ないわけですね。

就業不能保険はどうなのですか？

就業不能保険についてはわからないんです。ただ、ライフネット生命が、2018年度まで、就業不能保険の給付金を受け取っている人の数を公表していたんです。その数字を使って**私が計算した当時の就業不能保険の給付率は0.16％**(*3)でした。

それで「就業不能保険」が役に立つ機会はかなり少ないだろうと。

はい。

でも、あまり起きないと言われても、もしも起きたらと思うと不安です。万一、長い間、仕事を休むことになったら、やっぱり困ったことになりませんか？

そうですね。そこで、**傷病手当金の給付期間も調べてみました。すると、90日以下が半数**を占めています。これは2021年度の数字で、コロナ禍の影響が大きかった2022年度は30日以下が64％に達しました。ただ、他の年は、2021年と同じような傾向です。

図4-2 傷病手当金の給付期間

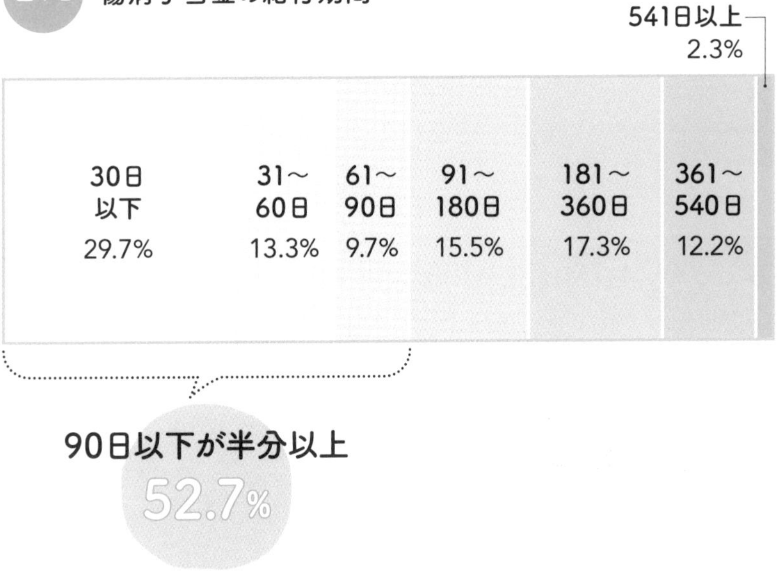


※ 全国健康保険協会「全国健康保険協会管掌健康保険 現金給付受給者状況調査報告（令和3年度）」を基に作成

傷病手当金が給付されるのは最長で1年半、つまり長くて550日ほどで、541日を超えるのは2.3%です。給付率1%未満のうちの2.3%ですから、**働けない期間が541日を超えるのは、0.023%未満**。死亡保険金の給付率より、さらに低いですよね。また会社員だと「有給休暇」が余っている人もいるかもしれません。

ああ、確かに！　有給休暇、たくさん余っています。

そんなわけで、あまり心配し過ぎるのもどうかなと、思っています。

なるほど。でも、後田さんは自営業ですよね？　先ほど、**自営業には傷病手当金がない**とおっしゃいましたが。

## 自営業者に傷病手当金はないけれど

そうです。私は国民健康保険なので、傷病手当金には守られていません。それでも、傷病手当金の給付率や支給期間のデータから判断して、民間の就業不能保険には加入していません。

でも、「もしも病気で仕事ができない期間が長びいたら、どうしよう？」と心配になったりしないですか？

その点は、**医療保険やがん保険について判断するときと同じで、心配ごとから考えない**ようにしているんです。

ここでもやっぱり、**「自動車保険」の入り方に戻る**んです。自動車保険では、皆さん、賠償責任保険には必ず入るけれど、車両保険には入らないこともある。それは、賠償責任保険の保険金は億単位のお金になるかもしれないけれど、車両保険の対象になる修理費は、自費でも賄えると考えるからです。つまり、**保険で用意できる金額の大きさだけで、加入の是非を決めていました**よね。

そうでした。確かに、自動車保険の話はわかりやすかったですね。

図4-3 自動車保険の「賠償責任保険」と「車両保険」の違い

※［図2-7］再掲

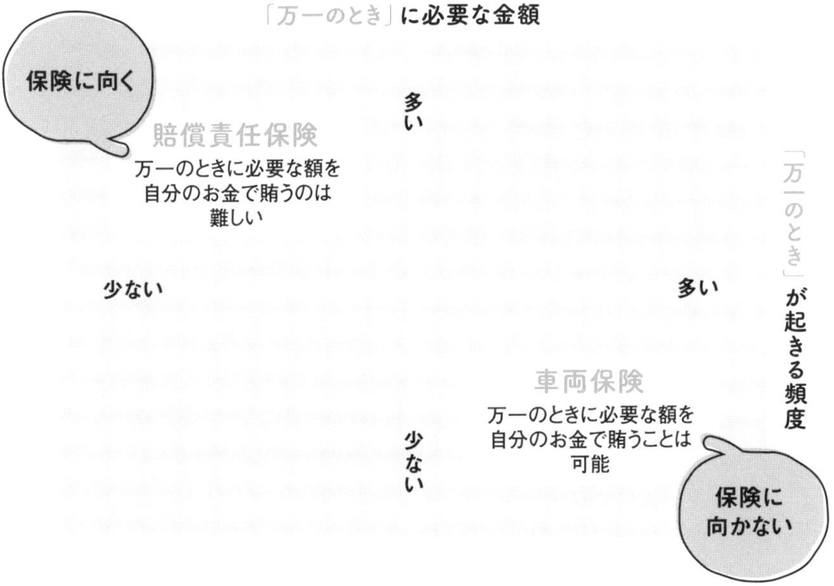




## 自動車保険のように就業不能保険を考える

就業不能保険も、自動車保険と同じように考えたいんです。例えば、給付を月額20万円と設定して就業不能保険に入ったとしましょう。その場合、仮に90日間、働けない状態が続いて、61日目から給付を受けたとすると、受け取る給付金は1カ月分で**20万円。それは保険に頼る金額ではない**と思っています。

もしも1年、働けない状態が続くと、受給額は10カ月分で200万円になります。大きな額のようにも思えますが、それでも「200万円なら、持っている。自分のお金で何とかなるから検討しなくていい」と即決できます。

「自営業だし……」とか、考え始めると「不安を安心に変えたい」となりがちです。でも、**すべての不安を安心に変えようとしたら、どれだけ保険に入ってもキリがありません。**なので、「自己負担できる金額であれば保険に頼らない」と、その一点で決めます。常に自動車保険における判断の仕方を思い出すわけです。

なるほど。

図4-4 自動車保険と「就業不能保険」の比較

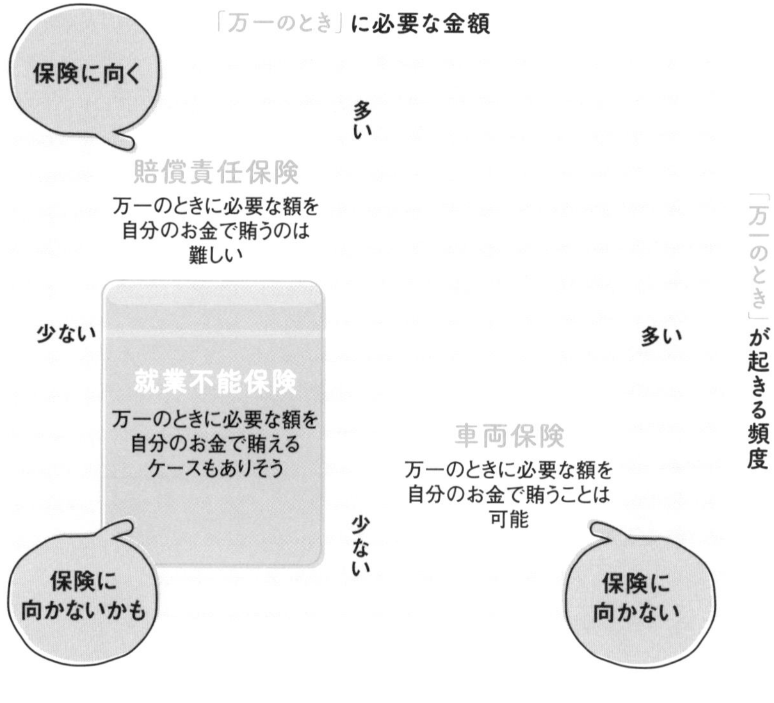

結論としては、私たちは**健康保険に加入しているので、働けなくなったときの保障も、とりあえず大丈夫**ということでしょうか。

はい、現状、既に、健康保険でそれなりの保障があり、傷病手当金の給付状況などから、民間の保障を追加するほどでもないと、私は考えています。傷病手当金で補填されるのは、それまでの収入の3分の2ですから、残りの3分の1はどうする？　と思われるかもしれません。けれど、例えば、これから解約する外貨建て終身保険の返戻金を取り崩す手もありますよね。

仮に200万円貯蓄があるご家庭の場合、月収が30万円だったとしたら、その3分の1の10万円ずつ取り崩しても20カ月持ちます。

なるほど。

**就業不能保険に入ったほうがいい人**っていないのでしょうか？

**国民健康保険で傷病手当金がない人**や**貯蓄が少ない人、住宅ローンがあるといった事情で、収入が減っても支出を減らしにくい人**は、検討に値するかと思います。私の好みを言わせてもらうと、**就業不能保険は、日帰り入院を保障するような医療保険より好き**なんです。

そうなんだ。

例えば、日帰り入院で明日から仕事に就ける場合、その後の人生に大きな影響があるとは思えないですよね？

ええ、確かに。

その点、**長期間、仕事に就けない状態が続くのは、より重大な事態**に違いありません。しかも、傷病手当金の支給期間からわかったように、**頻繁に起こる事態ではなくて、稀に起こる重大事態**なんです。だからこそ、安い保険料でも大きな保障を得ることが可能になります。そういう理由で、この類の保険はとてもいいものだと、思っています。

なるほど、そう言われるとそうですね。

**図4-5 「保険で備える」のに向く3条件** — 子育て中の世帯主で考える

| | 子育て中の世帯主の大きなケガや病気 | 子育て中の世帯主の死亡 |
|---|---|---|
| 1 めったに起きない | ○ 現役世代の大ケガ、大病は頻繁に起きない | ○ 現役世代の突然の死亡は頻繁に起きない |
| 2 自己資金では対応できない大金が必要 | △ ケガや病気が長引いた場合、自己資金で対応できない人も一部いる | ○ 世帯主の収入を失い子育ての支出は残る |
| 3 いつ起こるかわからない | ○ 現役世代の突然の大ケガ、大病は予期しにくい | ○ 現役世代の突然の死亡は予期しにくい |
| ↓ | 全て該当する人も一部いて、保険に向くところがある | 全て該当し、保険に向く |

とはいえ、当然、**タダではないので、自分が入るかどうかという問題になると、自動車保険の考え方で「やめておこう」**となります。

入る場合はどうしたらいいのでしょうか？　参考までにお聞きしたいです。

## 「保険金がもらいにくい保険」がいい

傷病手当金を受給できる人は、保険金額を収入の3分の1にするとか、貯蓄額に応じて、給付対象にならない期間を長めにする——例えば60日ではなくて180日にする——とか、**あえて「お金をもらいにくい設計」にするといい**でしょう。そうすれば、相対的に安い保険料で重大な事態に備えられますよね。

本当に厳しくなりそうなケースだけに備えるんですね。

そうです。「180日間も給付対象外なんてとんでもない！」と言う人もいます。ある媒体の編集者から原稿チェックを依頼された際、就業不能保険について「180日も給付がないなんて、これはもう保険会社による騙しだ」と書かれていたので、「とんでもない！」と説教したこともあるんですよ。

考えてもみてください。**死亡保険を評価するとき、「絶命しない限り保険金が払われないなんて、ひどい！　騙しだ!!」って書きますか？**

ハハハ。それは面白いですね。

**給付要件が限定的なのは悪いことではない**んです。就業不能保険は、

「保険の利用が向いていること」について、あらためて確認させてくれますよね。

＊1. 全国健康保険協会「全国健康保険協会管掌健康保険 現金給付受給者状況調査報告」（平成24年～令和3年度）

＊2. 日本生命保険、明治安田生命保険、第一生命保険、ソニー生命保険、ライフネット生命保険のそれぞれについて2019年度の公開資料を参照

＊3. 「保険金等のお支払い状況（第4四半期）」に掲載された受給者数を、年初と年度末の保有件数の平均で割って算出

第5章

# 「絶対、損しない」ように見える終身保険のカラクリ

では、終身保険の見直しに入ります。これで、いろんな問題がスッキリするかと思っています。

加入されている**「米ドル建て終身保険」は、死亡時の保険金額（死亡保障）が15万ドル、今の為替レートなら、2100万円ほど**ですね（1ドル＝140円）。

### ① 米ドル建て終身保険

| | |
|---|---|
| 保険金額 | 死亡時15万ドル（夫・有司の死亡時に支払われる） |
| 保険料 | 月337.76ドル（46歳まで払う） |

有司さんが31歳のときに加入なさっていて、保険料は毎月337.76ドル、今の為替レートだと、保険料は毎月4万7000円強、この保険料を有司さんが46歳になるまで、あと6年支払うことになっています。

## 一生涯の保障は不要なのに

最初に確認させてください。この**終身保険は、販売員から「老後資金を準備できます」と提案された**のではないでしょうか？

はい、そうです。

やはり、そうでしたか。ただ、この保険には「一生涯の死亡保障」もありますから、有司さんが高齢になってから亡くなった場合でも、ご遺族には2000万円を超える保険金が支払われるわけです。でも、そのような保障が欲しいわけではないんですよね？

はい。**そこまでは必要ない**と思います。

こういうのってよくあることなのでしょうか？

はい。「終身保険」は一生涯の死亡保障があるだけでなく、解約の時期によっては、まとまった額のお金が払い戻しされます(解約返戻金)。そのため、老後資金を貯める手段として提案されることが多いんです。

営業の人に、**「掛け捨てではありません」**とか**「外貨で運用するので、円建ての保険よりお金が増えやすい」**と言われたのではないでしょうか。

はい、今、おっしゃった通りの説明でした。

## 「コストの高い貯蓄」がセットになっている

なるほど。「保障があってお金も増えるのであれば、安くない保険料でも利用する価値がある」と思われた。とはいえ、毎月5万円近い保険料となると、やはり負担が重いと……。

はい。保険料の支払いがきつくなってきています。

だから、後田さんが僕の立場だったら解約すると、おっしゃるわけですか。

思い出してください。**「終身保険はあなたが必要とする生命保険機能に、コストが高い投資プログラムが付け加えられている」**んです(第1章)。つまり、死亡保障と貯蓄部分がセットになっていて、販売手数料などの諸費用が非常に高い。手数料などが高いと貯蓄に回るお金は少なくなりますから、貯蓄には向かない仕組みです。

「米ドル建てだから有利だ」と言われたんですけどね。

確かに、日本よりアメリカのほうが金利は高いですから、円建ての商品より、米ドル建ての商品のほうが、ドルベースでのお金の増え方は大きくなります。仮に、定期預金なら、円だと金利が0.1%もあればいいほうなのに、ドルだと5%の商品もあるとか、そういうイメージですよね。

ええ、そうですね。

## 為替レートの振れ幅は「30年で約3倍」

とはいえ、**米ドル建ての保険も、解約してお金を使うときは円に換えます**よね?

はい、そのつもりです。

そうすると、為替レート次第です。

例えば、20年後に解約するとき、お金が増えているとは限らない。**円高だと残念な結果になる**ということですか。

はい。円安でお金が増える可能性もありますが、どちらに振れるかはわかりません。今は1ドル140円台だとして、120円になれば、円に換えた金額は15%ほど減り、90円だと35%くらい減るわけです。

さすがに1ドル90円台はないかなぁと思いますけど。

おっしゃる通り、今の為替レートから大きく離れた数字は想像しづらいですよね。ただ、**1982年以降の30年で見ても、1ドル70円台から240円台まで、3倍くらいの振れ幅がある**んですよ。2022年など、1月から10月までの間に110円台から150円まで動きました。

思ったより動くんですね。為替レート。

図5-1 ドル円為替レートの推移（1980～2022年）

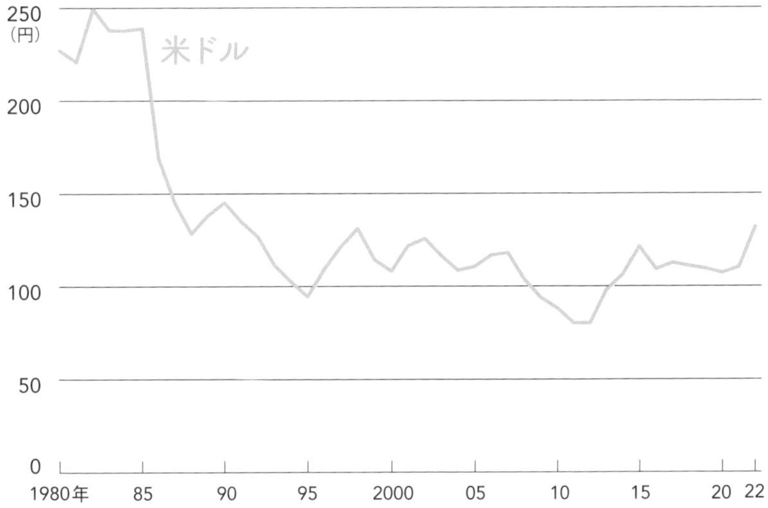


※ IMF（国際通貨基金）のデータに基づき作成

はい。ですから、「米ドル建てだと金利が高いので、お金が増えやすい」というのは、あくまでドルベースの話であって、円に換える前提であれば、「成果は為替の影響が大きく、あてにならない」と見るのが無難なはずです。

なんだか残念です。

## 1年目の保険料の7割が手数料!?

そうですよね。結局、**終身保険で、確かなことは、手数料が高くて貯蓄に回るお金が少ないということ**なんです。

実際、わかりやすい数字があります。右の表をご覧ください。今、加入されている米ドル建て終身保険の保険料の累計額と解約したときに払い戻しされるお金(解約返戻金)の比較表を作ってみました。

加入から1年後の返戻率を見ると、お金が増えにくいと、すぐにわかります。有司さんの契約では、**1年後の返戻率は29.2%**です。ということは、**1年目の保険料のうち70%強のお金が手数料などに消えた**と見られるのです。

1年後の数字を見るのはなぜでしょうか?

保険会社は、契約から1年間、営業職員や代理店に支払う手数料を、特に手厚くしていることが多いからです。

もちろん、保険会社は保険証券の発行なども行いますし、今日明日にでも加入者に万が一のことがあった場合、死亡保険金を支払う

## 図5-2 五十嵐家が入っている「米ドル建て終身保険」

| 経過年数 | 保険料累計額（米ドル） | 解約返戻金（米ドル） | 返戻率 |
|---|---|---|---|
| 1年 | 4053ドル | 1185ドル | 29.2% |
| 5年 | 2万 266ドル | 1万6065ドル | 79.3% |
| 9年 | 3万6478ドル | 3万2610ドル | 89.4% |
| 15年 | 6万 797ドル | 5万9760ドル | 98.3% |
| 20年 | 6万 797ドル | 6万7515ドル | 111.0% |
| 30年 | 6万 797ドル | 8万4885ドル | 139.6% |

今ここ！

払い込みが終わる

返戻率が100%を超える

ための費用も発生します。他にも、例えば、システム管理費などは、顧客にとっても必要経費に違いありません。それにしても、**1年目に払う保険料の大半が諸費用に消える**のです。**そのような金融商品を貯蓄に利用するなんて考えられない**でしょう。

上の表を再度、ご覧ください。保険料を、円より金利が高いドルで運用しても、15年間も元本割れが続きます。それは、そもそも貯蓄に回るお金が少ない仕組みになっているからなんです。

でも、**「元本割れ期間はあっても、長期的には有利」**という説明で、そこには説得力を感じました。

私も、すぐに使うお金ではないし、長い目で見たらいい、**預金だとお金が増えないし、投資は怖い。**将来受け取れる金額が決まっている保険がいいと思っていました。

## 「元本割れが解消するまで待つ」べきか？

なるほど。私も、長期で見たらいいと思っていた時期がありました。ただ、常識で考えて、やはり無理があると思うようになりました。

長期で行う貯蓄だからといって、最初のころに引かれるお金は問題視しなくていいのか？

例えば、長距離走だったら、スタート地点で派手に転倒してもいいのか？　向かい風が強くても記録に影響しないのか？　と考えたら、短距離でも長距離でも転倒しないほうがいいし、向かい風はないほうがいいに決まっています。

長い時間をかけてお金を貯めるからといって、それが1年目に大損していい理由にはならない。確かにそう思います。

はい。**「長期的にはお金が増える」**のではなくて、**「本来、もっと早くお金が増えていいはずなのに、初期費用が高額なため、元本回復に余計な時間がかかる」**という、残念な仕組みになっている。

そのことを痛感した、決定的な証言もあります。

どんな証言でしょうか？

## アメリカ国債を自分で買えばいい

ある保険数理の専門家に、尋ねてみたことがあるんです。「**外貨建て保険は、保険料を外国の債券などで運用**していますよね。それなら、**アメリカの20年物、30年物の長期国債を自分で直接、買ったほうがいい**んじゃないですか？」と。そうしたら「もちろんです」と、即答されました。

そうでしたか！

その専門家によると、「長期的にはお金が増える」という評価も違うそうです。

そうなのですか？

はい。「ある年度に新規で100件の契約が成立した場合、30年後に残っているのは30件もないと見ている」と言われたんです。

**途中で、解約する人たちが多い**ということでしょうか？

はい。30年後までに7割が解約する、と。それが事実に近いかもしれないと、考えさせられる情報もあります。

保険ショップの「ほけんの窓口」が、新規加入から5年間の契約の継続率を公表しています。その実績をもとに推計すると、ある契約が30年後まで続いている可能性は4割くらいなんです。

「ほけんの窓口」のデータによると、5年間で13.9％減って、86.14％になっています。次の5年も同じペースで減ると考えると、10年後には、「86.14％×86.14％」で「74.2％」になります。20年後、30年後も同様に推計しました（下図）。

## 保険の7割は30年以内に解約される？

現実には、契約直後の5年より、契約から10年、20年と、経過年数が長くなるほど、生活環境など、当初の想定とは変わる部分も出てきて、解約が増えるかもしれません。

そう考えると、確かに先ほどの専門家が言うように、ある契約が30年も続く可能性は、この表の試算結果より低く、30％というのは妥当な数字かもしれない、と思えます。

### 図5-3 生命保険の継続率

| 経過年数 | 継続率 |
|---|---|
| 1年後 | 96.8% |
| 2年後 | 93.4% |
| 3年後 | 90.3% |
| 4年後 | 87.0% |
| 5年後 | 86.1% |
| 10年後 | 74.2% |
| 20年後 | 55.1% |
| 30年後 | 40.9% |

※ ほけんの窓口グループ株式会社「『お客さまにとって「最優の会社」宣言』に関するご報告」（2022年9月27日）より、2021年度の数字に基づいて作成。61カ月（5年1カ月）までが実績。以降は実績より推計

そうですか。まあ、言われてみるとそうかもしれないですね。

すごく残念ですけれど、説明をお聞きして、保険は、老後のお金を作る方法には向かないのかもしれないと感じています。でも、**「夫が亡くなった場合、保険金で元が取れるんじゃない？」**とも思いますけど、こういう見方っておかしいのでしょうか。

おかしくないです。私も美香さんと同じように認識していましたから。ただ、それも、保険会社側の説明不足が原因だと思います。

説明不足ですか？

## 終身保険は、保険会社の「高収益商品」

はい。次の[図5-4]をご覧ください。**「終身保険」**の一般的な説明図です。まず**「一生涯の死亡保障」**があります。そして、大抵の場合、定年を迎えるまでに保険料の払い込みが終わり、その後に解約したら、保険料の総額を上回る額の**「返戻金」**が払い戻しされます。有司さんの契約もそうですね。

ええ。だから、僕も「老後に解約したら損はない」と考えました。

私も保険営業をしていた当時は「終身保険では、お客様が損をしない」と認識していました。「常に保険料を上回る死亡保障があるし、老後には払ってきた保険料の総額を上回る返戻金がある。最強だ」

図5-4 保障と貯蓄を兼ねる「終身保険」の仕組み ― 保険会社側の説明

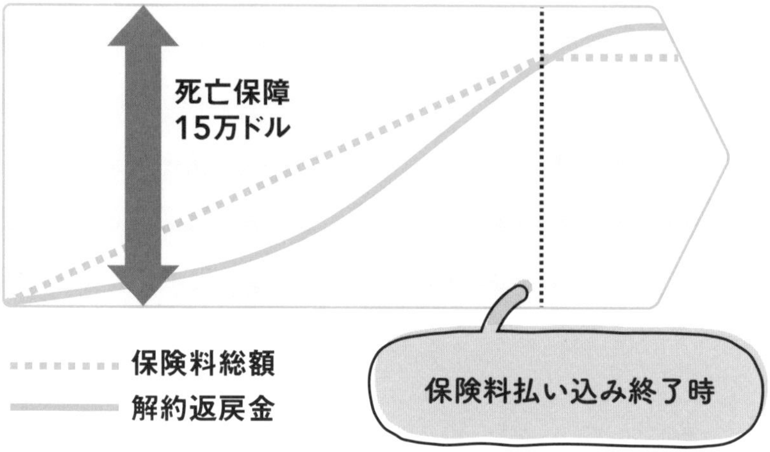


と思っていたんです。

後田さんも私たちと同じように感じていたのですね。

はい。ただ、**不思議だったのは、終身保険を売ったときの報酬が高額なこと**でした。保険会社の販売員向けハンドブックでも**「高収益性商品」に分類されていたので、会社もよほど儲かるのだろう**と不思議でした。それで、独立後、書籍などで得た情報から想像して作ったのが次の[図5-5]です。

[図5-4]を解約返戻金の曲線に沿って分解しています。複数の商品設計の専門家に見てもらったところ「これで合っている」そうです。

この図をご覧になるのは初めてですよね？

はい。なんだか難しそう……。

**図5-5** **「終身保険」の仕組み ― 後田が推察した図**

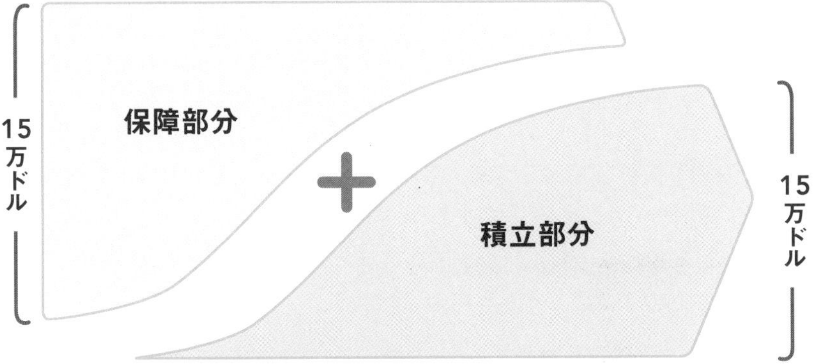


| | |
|---|---|
| **保障部分** | 今日・明日の死亡保険金支払いに備える |
| **積立部分** | 将来の保険金支払いに備える |
| **解約返戻金** | ≒ 積立部分に貯まったお金 |
| **死亡保険金の原資** | ＝ 保障部分＋積立部分 |

それが、意外に簡単なんです。**ポイントは、保障部分と積立部分の2つから構成されていること**です。順を追って説明します。

## 終身保険にも「掛け捨て」部分がある

まず、仮の話として、有司さんがこの終身保険に入ってすぐにお亡くなりになったとしましょう。まだ1カ月分の保険料(337.76ドル)しか払っていません。それでも15万ドルの死亡保険金が支払われる

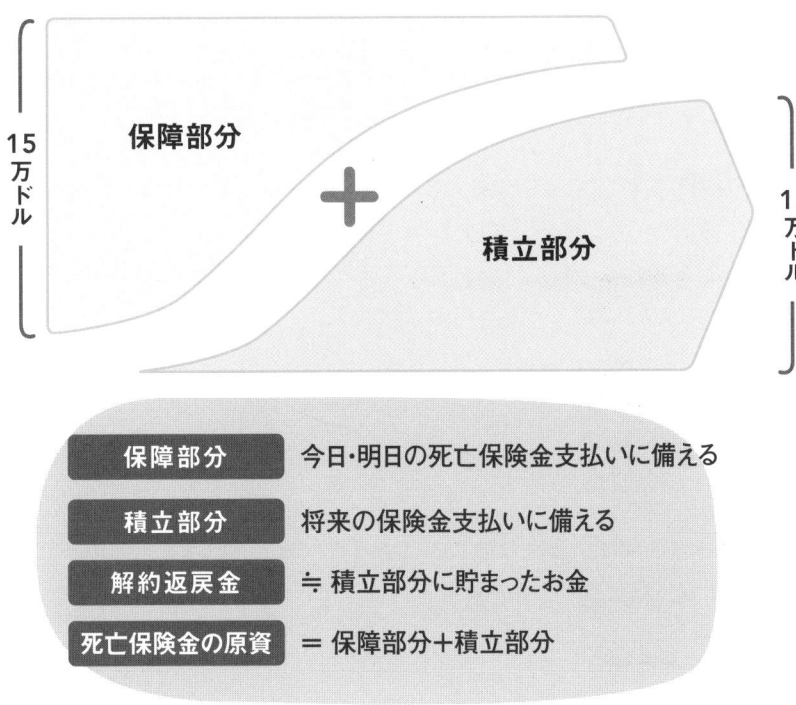

のは、左側の15万ドルから始まる「保障部分」があるからです。

**終身保険に入った直後は、右側の「積立部分」はゼロだけど、左側の「保障部分」は15万ドル分ある**、と考えるのですね。

その通りです。なぜ、300ドルちょっとのお金しか払っていなくても15万ドルが支払われるかというと、**無事に過ごしている人たちの保険料も保険金支払いに使われる**からです。

まあ、保険だから、そうでしょうね。

はい。そして、死亡保険金の支払いに使われたお金は、無事に過ごしている他の人たちに払い戻しされません。いわゆる「掛け捨て」になります。つまり**「掛け捨てではありません」と案内されている終身保険にも「掛け捨て」部分がある**わけです。美香さん、ここまでの説明は大丈夫ですか？

はい、大丈夫です。

## 自分で積み立てたお金が戻ってくる

一方で、終身保険には「保障部分」に加えて、右側の「積立部分」もあります。

保険会社からすると、**一生涯の死亡保障がある終身保険では、いつか必ず保険金支払いが発生する**わけです。ですから、将来、確実に15万ドル支払えるように積立部分にお金を貯めていく、と考えたら、わかりやすいかもしれません。

人が生涯で死亡する確率は100％です。なので、契約から間もない時期に死亡するケースには、掛け捨ての保障部分で保険金支払いに備えつつ、**積立部分では、お客様一人ひとりから例外なく、死亡保険金に近い額のお金を集めておく**、と見てもいいでしょう。

それで、**解約したときに、払い戻しされる「解約返戻金」の大半は、この「積立部分」に貯まっているお金**なんです。

つまり、終身保険には、掛け捨ての保険にはない積立部分があるので、解約返戻金もある。そのため、「掛け捨てではありません」と言われているわけです。ちなみに「養老保険」も、同じ仕組みです（＊1）。

なるほど。お金が戻ってくるのは、自分でお金を積み立てているからなんですね。

おっしゃる通りです。

## マイナスからのスタート

ただ、先ほどお話ししたように手数料などの諸費用が高く、積み立てに回るお金が少ないので、お金は増えにくい。そこで、積立部分のお金の増え方を図にしてみました。次の［図5-6］です。

積み立てというと、普通、グラフの原点から右肩上がりで、お金が増えていくイメージだと思います。ところが――何度でも言いますが――**保険の場合、販売員に支払われる手数料などが高いので、契**

図5-6 積立部分のお金の増え方

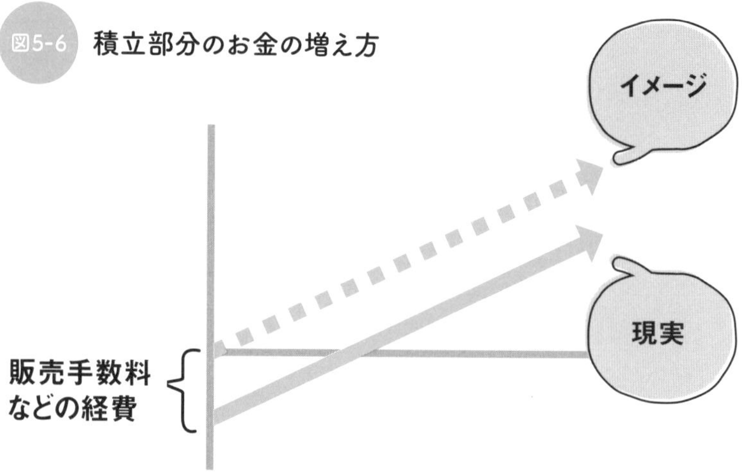


**約当初は、積み立てに回るお金が極端に少ない**。それが現実なので、グラフの原点より低いところから始まる斜線を引いてみました。

そうかぁ……。

あらためて、**終身保険は、貯蓄に向かない不利な仕組み**だと理解できるかと思います。

## 死亡保険金の大半は自分で積み立てたお金

でも、やっぱり、夫に何かあったときには、保険金で元が取れるんじゃないかって、思ってしまうんです。

そうですよね。もう一度、保障部分と積立部分に分解した図に戻ってみましょう。

**図5-7 「終身保険」の仕組み ― 後田が推察した図**

※[図5-5]再掲（一部）

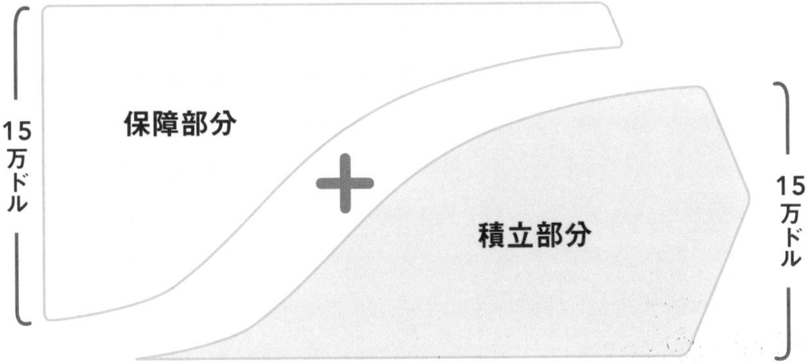


**時間の経過とともに「保障部分」がだんだん小さくなっています**よね。それは、**「積立部分」に貯まったお金も、死亡時の保険金支払いに使われるようになる**からです。

なるほど、そういう仕組みなのですね。

はい。ですから、仮に、有司さんが**90代くらいになってから亡くなった場合、死亡保険金の大半は、自分で積み立ててきたお金**なんです。**それも、手数料などを散々引かれた後の「自分の積立金」**です。

マジか……。

これでは、保険会社の仕組みを利用しているのか、保険会社に利用されているのか、わからなくなりませんか？

……そうですね……。残念です。

少なくとも「死亡保険金で元が取れる」とは、とても思えないです。

もう、この保険は解約したほうがいいでしょうか。

私だったら、解約したいです。不利な仕組みに使ったお金と時間が一番少ないのは今日ですから。

でも……。

＊1. 養老保険は、一定期間の死亡保障があり、満期に生存していた場合、死亡保険金額と同額の満期金が支払われる保険。終身保険と同様、外貨建ての商品が多く販売されている

# 第6章

# 「中途解約」をためらう理由を潰す

後田さんのおっしゃる通り、今入っている保険を解約したとしますよね。でも、**終身保険を解約したら、夫が亡くなったとき、保険金がおりなくなる**わけですよ？

おっしゃる通りです。

ただ、有司さんは「収入保障保険」にも加入なさっています。いわゆる掛け捨ての死亡保険で、万が一の際には、有司さんが生きていたら65歳になる年度まで、月額25万円がご遺族に支払われます。

そうです。自分が死んだときの保険金を上乗せするためにって、担当の人に薦められて入った保険です。

後ほど、その収入保障保険の契約内容を見直すと、有司さんに万が一のことがあった場合への備えは適正化できると考えています。

ということは……**老後資金については、保険ではない、他の方法を検討する**、ということですか？

## 保障と貯蓄を分けるべき理由

そういうことです。選択肢も多くなりますし。

選択肢？　どういうことでしょうか？

例えば、五十嵐家に「保障＋貯蓄」にかけられるお金が、今月５万円あるとしましょう。

### 図6-1 「月5万円」の使い道

| | | |
|---|---|---|
| 「終身保険」だけに使う | 保障（貯蓄と兼ねる）<br>**5万円**<br>✕ 運用方法は変更できない（選択肢がない）<br>✕ 減額したなら「万一のときの保障」も減る | |
| 「掛け捨ての保険」＋「貯蓄」に使う | 保障（掛け捨て）<br>**1万円**<br>小さな金額で、大きな保障を持てる | 貯蓄<br>**4万円**<br>○ 運用方法の変更ができる（選択肢が広い）<br>○ 減額しても「万一のときの保障」は同じ |

世帯主の死亡に備える掛け捨ての保険料（保障）が1万円で、残り4万円を貯蓄に回すなら、4万円の運用には、いろんな選択肢があります。2万円はリスクを取らないで、銀行の預金口座で積み立てて、残りの2万円は投資信託を利用するとか、いろいろ選べますよね？

また、お子さんにお金がかかる時期は、「保障＋貯蓄」にかけられる総額が減るはずです。その際、保障に使うお金が1万円で済むなら、貯蓄に回すお金を4万円から2万円に減らすとか、随時、調整できます。そうやって貯蓄に回す金額を減らしても、万が一のときの死亡保障の額には影響がありません。

でも、終身保険のように、保障と貯蓄がセットになった保険に、5万円を使っていたらどうでしょう？　例えば保険料を抑えるべく減額——部分解約ですね——すると、死亡時の保険金の額も減ってしまいます。

そんなわけで、**保障と貯蓄は分けるのが、何かと対処法も増えて、**

**賢明**だと考えます。

なるほど、保障は掛け捨ての保険に入って、貯蓄は保険以外の方法でやるほうが賢い気がしてきました。

でも、今、やめるとすごく損するのではないですか？　それに「掛け捨ての保険を利用しつつ、別途、貯金する」と言っても、自由になるお金が増える分、使ってしまうかもしれないですよね？　周囲にも「保険だといつの間にか、お金が貯まる」と言う人がいます。

確かに、**保険には「強制貯蓄機能」がある**と言う人は少なくないです。

やっぱりそうなんですか？

## 「保険のほうが、お金が貯まる」は、本当か?

銀行の口座にお金があると、すぐに引き出して使ってしまうから、保険に入る。そうすると、保険料は口座から自動引き落としだし、解約にはひと手間かかるので、お金が残りやすいという論法ですよね。

ええ。

ただ、私が知る限り、**浪費してしまう人は、保険に入っていても解約しがち**です。終身保険のほか、学資保険や個人年金保険など、解約したときにお金が払い戻しされる保険に入っていると、「ここにまだ使えるお金がある」と考えてしまうのかもしれません。

「契約者貸付」といって、解約返戻金の一定割合までお金を借りられる制度もあります。これを繰り返し利用して、利息が膨らんでしまい、ほとんど貯蓄になっていない、そんな例も見ています。

そんなこともあるのですか？

はい。ですから、私の経験から言うと、**お金が貯まるかどうかは、金融商品の選び方ではなく、当人次第、その人の気質や生活習慣などの影響が大きい**気がします。収入が多い人だから貯蓄も多いとは限らないですし。

お金が貯まる人は、預金口座しか利用していなくても貯まっています。解約にひと手間かかる仕組みを利用したら、より貯まりやすいとしても、その場合、例えば、**投資信託でも積み立てなら自動引き落とし**になりますし、特に保険でなくてもいいはずなんです。

## 「中途解約したら損」なのか？

話を少し戻して、**「今、解約すると損では？」**という見方について、お聞きしたいことがあります。

何でしょうか？

有司さんは、今、「死亡保障15万ドルの米ドル建て終身保険」に入っています。加入から9年経過していて、あと6年、保険料を払うことになっていますね。

そこで、こんなふうに考えてみていただきたいんです。

図6-2 五十嵐家が入っている「米ドル建て終身保険」

※［図5-2］再掲

| 経過年数 | 保険料累計額（米ドル） | 解約返戻金（米ドル） | 返戻率 |
|---|---|---|---|
| 1年 | 4053ドル | 1185ドル | 29.2% |
| 5年 | 2万 266ドル | 1万6065ドル | 79.3% |
| 9年 | 3万6478ドル | 3万2610ドル | 89.4% |
| 15年 | 6万 797ドル | 5万9760ドル | 98.3% |
| 20年 | 6万 797ドル | 6万7515ドル | 111.0% |
| 30年 | 6万 797ドル | 8万4885ドル | 139.6% |

今ここ！

払い込みが終わる

返戻率が100%を超える

もし、今、終身保険に入っていなかったとして、こんな提案があったらどうしますか？

「掛け捨てにならない終身保険はいかがですか。これから6年間、保険料を払えば、一生涯の保障が付いて、解約したときには返戻金があります。返戻金が、支払った保険料に対してどれくらいになるかというと、保険料を払い終えるまでの6年間は、いつ解約しても、ドルベースではマイナスです。プラスになるのは、保険料を払い終わった後で、そこからさらに5年間、解約しないでおくと111%の返戻率になります」

さあ、今だったら、どうされるでしょう？

え？　今だったら……やめておく、でしょうか。

うん、やめておく。**ドルベースで111％といっても、円高になったらマイナスになるかもしれないし、これから6年も元本割れが続くから却下。**そう考えるんですよね？

## 「今まで払ったお金」のことを考えると……

はい。その通りです。つまり、今、加入なさっている米ドル建て終身保険は、**今日を起点にすると「加入しない」と即断できる**契約内容だと思うんです。それなのに**解約をためらわれるのは、今まで払ってきたお金と払い戻しされるお金をドルベースで比べると、10％超マイナスだから**ですよね？

そうです。4000ドル近い損になっています。

1ドル100円でも40万円か……。

痛い！　と感じますよね？

はい。

**損するのは嫌です**よ。

私も嫌です。だから、**今まで払ってきたお金と払い戻しされるお金を比べるのはやめたほうがいい**、と思うんです。

でも、普通、比べるでしょう？

はい。比べるのが当然だと思います。気にならないほうがおかしい、だからこそ、要注意だと思うんです。**感情が判断を変えてしまう**可能性が高くなるからです。

**「今日以降のお金の増え方」を見れば、「この商品は論外だ」と即断できる。**なのに、この商品に**「これまで使ったお金」があると、全く同じ商品なのに「今後もお金をつぎ込もう、もっと頑張ろう」となる**んですよ？　おかしくないでしょうか？

もともとお金を増やしたくて、そのための手段を選ぶのだから「お金が増えにくい商品は論外」と判断するわけです。「今日以降」を起点にした、この判断は「これまで使ったお金」に関係なく行われていて、正しいですよね。

ところが、「これまで使ったお金」と「今戻ってくるお金」を比べると、そんな当たり前の正しい判断が変わってしまう。「お金が増えにくい商品にさらにお金をつぎ込もう」となってしまうんです。気が済まないからでしょう。**判断を変えているのは、明らかに「これまで使ったお金が惜しい」「悔しい」という「感情」**ですよね？　理性ではないと思います。

言われてみれば、確かにそうですね。

おっしゃることはわかりますけど……。

残念な気持ちはぬぐい難いですよね？

はい、そうです。

実は、私はすごくいい時期に相談してもらえた、終身保険の仕組みなどについてお伝えできて本当によかった、と思っているんです。

そうなのですか!?

## 「気づいた私は若い」と考える

今の保険に加入なさってから9年ですけど、お二人のこれからの人生はあと50年くらい続いてもおかしくないですし、お子さんが社会人になるまでにも、まだ20年近くあります。

ですから**「終身保険でお金を増やそうとするのは違うな」と早く気づいてよかったですね！**　と声を大にして言いたいんです。

**既に払ってしまった手数料などは、販売に関わった人の口座に振り込まれていますから、何をやっても戻ってこない**です。でも、これから使うお金はどうにでもなります。大事なお金を、これから何年も元本割れが続く契約につぎ込まなくて済むんです。

**間違っていたとわかったら、修正は早いほうがいい**ですよね？　そして**お二人はまだ十分若い**です。だからよかったなぁと思うんです。

なるほど、前向きにとらえましょうと。

はい、大事なのは「これまで」ではなくて「これから」でしょう。まだたくさん稼いで貯蓄もできて、いろんな選択肢がある年齢です。前向きな受け止め方しかできませんよ。

後田さん、頑張って盛り上げようとしていませんか？

でも、本当に「今日から始まる話」として考えるのが正しいと思いませんか？

でも、**解約すると担当の人に迷惑がかかりそう**で、それも心配です。

**販売員にとって痛いのは短期の解約**です。契約の「継続期間」には「13カ月」「25カ月」といった評価基準があって、短期で解約されてしまうと、手数料を給与から引かれることもあります。だから「加入から3年は続けましょう」と伝える販売員もいるようですが、どうかと思いますよね。ともあれ、今回の五十嵐さんの場合、加入して9年も経過しています。だから、担当の人は痛くないはずです。

わかりました。解約します。今は入ったころより円安で、円換算では30％くらい、払い戻しの額が増えるので、やめどきとしては悪くない……と思っていいですか？

はい、円安の今は解約するのにいい時期だろうと思います。

## 終身保険は、富裕層の相続対策に向く

あと一点、いいですか？　終身保険って、いいところは何もないんですか？

いいところもあります。**終身保険は死亡保障が一生涯、切れないので、相続対策には便利**です。亡くなったときに**遺族に残されるのが、銀行預金や投資信託だと相続税がかかりますが、保険金なら一定額まで非課税**です。だから、富裕層の間では、終身保険で受け取ったお金を、遺族が相続税の納税資金にするといった使い方があります。

ただ、このような相続対策を検討すべき人は限られますし、現状は、商品の仕組みをよく知らない販売員などが、手数料に魅力を感じて積極的に販売してしまう弊害が大きいと感じます。**終身保険は保険料が高額になりやすいので、手数料も大きくなる**のですが、それだけ家計の資金繰りを圧迫しますよね。

それは本当にそう思います。

**保険料が高額なのは、「年間保険料×手数料率」という歩合制の報酬体系の下で働いている販売員には好都合**なんです。保険料が毎月5000円の掛け捨ての保険の場合、仮に契約初年度の手数料が年間保険料の70%でも、報酬は4万2000円です。それが、毎月5万円の終身保険だと手数料率35%でも報酬は21万円になります。どちらを優先的に売りたくなるか、わかりやすいですよね。かつての私のように「お客様が損をしない保険だ」と思っていると、罪悪感もないわけですし。

なるほど、担当の人も悪気はなかったのかもしれません。でも、もう解約します。

それでは、次に、収入保障保険を見直しましょう。五十嵐家の場合、有司さんに万一のことがあった場合の備えは、保険で持つべきだと私も考えます。その際、収入保障保険は、お薦めできる選択肢ですが、今、有司さんがお入りになっている収入保障保険は、考え直したほうがよさそうです。

# 解約以外の選択肢

五十嵐家には、終身保険の「解約」をお勧めしましたが、保険料の支払いが苦しい場合、他に以下の選択肢もあります。終身保険を例に、ご説明します。保険商品の種類や加入からの経過年数などにより、できない場合もあります。

## ① 減額

死亡保険金額を減らすことで、保険料も減るのが減額です。例えば、死亡保険金を2000万円から1000万円にすると、保険料はそれまでの半額になります。

部分解約の扱いとなるので、相応の解約返戻金も支払われます。

終身保険の減額

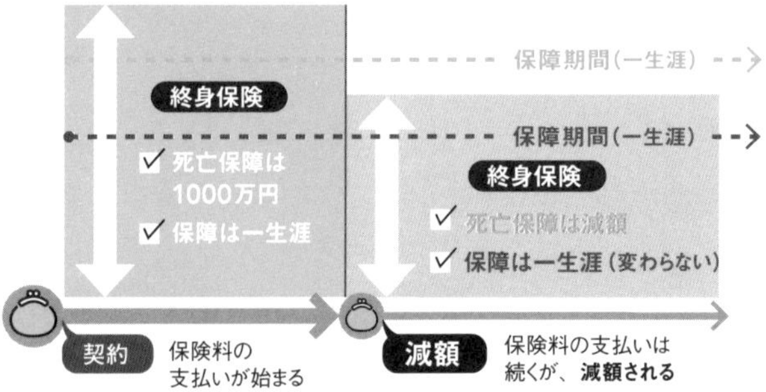


## ② 払済（はらいずみ）

保険料の払い込みをやめた後、保障期間は同じで、保険金額が減った契約が残ります。その後、いつ解約しても「払済時点での解約返戻金＋利息」が払い戻しされます。

五十嵐家の場合、払済も選択肢でしたが、返戻金が為替レートに左右されるので、解約をお勧めしました。

終身保険の払済

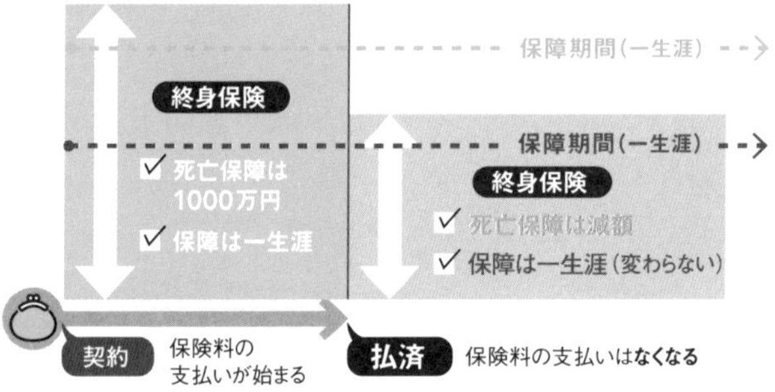


## ③ 延長

保険料の払い込みをやめた後、同じ保険金額の契約が継続します。保険期間は通常、短くなります。

保険業界では「延長」と呼びますが、「短縮」のほうがわかりやすいかもしれません。

死亡保険の入り直しができない健康状態の人などは、検討に値します。

終身保険の延長

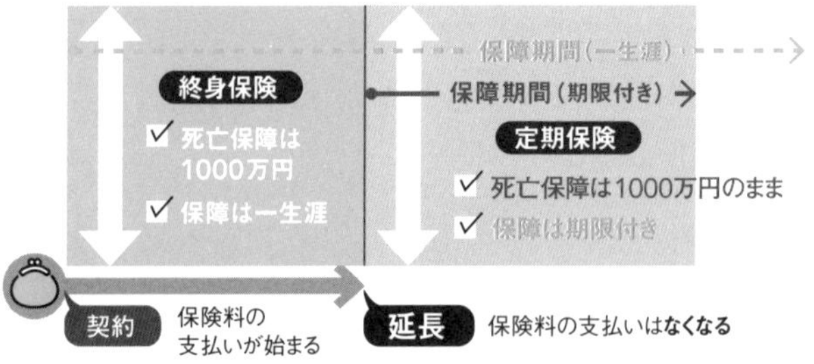

# 第7章

# たった1本、入るべき保険とは何か？

では、ここからは、「収入保障保険」の契約を見直していきましょう。

加入中の保険

## ② 収入保障保険

| 保険金額 | 死亡時から月額25万円(夫・有司の死亡時、65歳まで) |
| --- | --- |
| 保険料 | 月9416円(60歳まで払う) |

すみません。収入保障保険って、どんな保険なのでしょうか？　もう一度説明してもらっていいですか？

## どうして「世帯主の死亡保険」は必要か？

はい。**収入保障保険は、世帯主の死亡に備える「死亡保険」**です。名称がわかりにくいですよね。「失業保険かと思った」とお客様に言われたこともあります。

確かに、そうですね。

はい、あくまで死亡保険なんです。私は、**保険は極力、利用しないほうがいい**と考えていますが、**それでも必要だと思うのが、子育て中の世帯主の死亡保険**です。

最初に、そうおっしゃっていましたね。

はい。なぜなら、**現役世代の世帯主の死亡は、めったに起きません**

**が、万一、起きたときには、大きなお金が必要になる**からです。

自動車保険の入り方を思い出してみてください(第1章、第2章など)。何度も言いますが、**「保険で備えるのに向くこと」の3条件**は、**「めったに起きない」**こと、**「自己資金では対応できない大金が必要になる」**こと、**「いつ起こるかわからない」**ことで、世帯主の突然の死亡は、この全てを満たします。

五十嵐家なら、お子さんが大学を卒業する年度までに、有司さんがお亡くなりになる確率は4%程度です。この4%というのは、厚生労働省の「完全生命表」から算出した数字です(*1)。

とはいえ、万が一のときには、毎月数十万円単位の収入減になるかと思います。そうなると、お子さんが自立するまでには数千万円単位のお金が不足するかもしれません。したがって、死亡保険には加入しておいたほうがいいと思うんです。

## 終身保険を使うと割高になる

なるほど。でも、死亡保険は、収入保障保険だけではないですよね?

はい。先ほど、解約することにされた**終身保険も、死亡保険の一種**です。有司さんの死亡時に保険金が支払われるという意味では、収入保障保険と同じです。ただし、**収入保障保険のほうが、終身保険より、保険料がずっと割安**になります。

なぜかというと、一つには**収入保障保険の場合、保障が一生涯で**

**はない**からです。保険金が支払われるのは、「60歳まで」とか、加入から「20年間」とか、期間限定です。その分、保険料は安くなります。

また、**収入保障保険では、終身保険のように、解約したときなどにまとまったお金が返ってくることはありません**。いわゆる**掛け捨ての保険**です。その分、やはり保険料が安くなります。掛け捨てが損ではないことはもうご理解いただいていますよね？（第1章参照）

はい、大丈夫です。

ですから、入るべき保険は、死亡保険。そして、死亡保険の中では、何がいいか。結論から言えば、私は、**五十嵐家が今、加入すべき生命保険は、ただ1本、世帯主の死亡に備える収入保障保険だけ**だろうと考えています。

## 子どもが成長すると、必要な死亡保険金は減る

なるほど……。で、しつこいみたいで申し訳ないんですけど、収入保障保険というのは、どのような仕組みなのでしょうか？

**収入保障保険では、万が一の際、保険金を毎月20万円とか、分割で受け取る**ことができます。一括受け取りもできますけど、分割での受け取りを前提にすると、遺族の生活費などを毎月いくらずつ補填したらいいかといった設計がしやすいと思います。

なるほど。**月給の範囲で生活費をやりくりするように、月額の保険金で生活が成り立つかどうかを考えればいい**わけですね。

はい、他にも特徴があります。下の図のように、**世帯主に万が一のことがあった場合、残されたご家族に必要なお金の額は、お子さんの成長につれて減っていきます。**例えば、お子さんが0歳のときだと、幼稚園や保育園から大学までの教育費に加えて、生活費も20年分くらいは確保したくなるかと思います。

図7-1 世帯主の死亡後に家族が必要とするお金

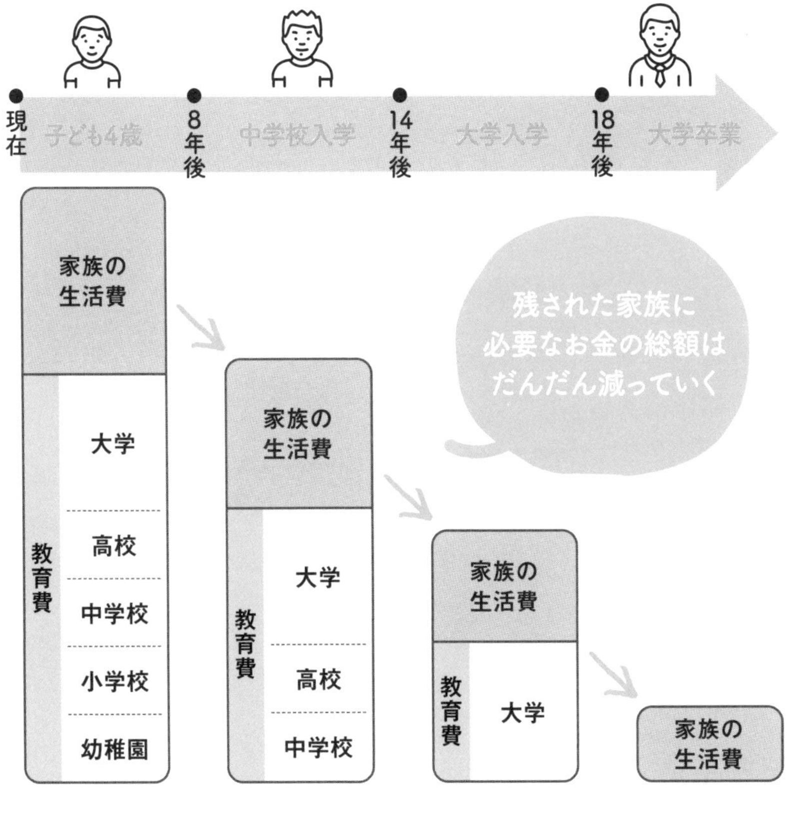

まあ、そうですね。

ですが、お子さんが大学生のときに亡くなるのであれば、そこまでのお金は必要ありませんよね。

そうですね、確かにそうだ。

**収入保障保険の場合、万が一のときに必要な金額が減るのに合わせて、保険金の総額も減っていく**のが特徴です。これに対して、**加入から一定期間、いつ亡くなっても同じ金額の保険金が受け取れる保険が「(平準)定期保険」**です。

計算を簡単にするため、ここから先は、世帯主が亡くなった場合、その後、毎月10万円が支払われるプランの収入保障保険を、お子さんが0歳から20歳までの20年間利用するケースで考えてみましょう。

図7-2 **死亡保険の選択肢**

| | 終身保険 | (平準)定期保険 ＊1 | 収入保障保険 ＊2 |
|---|---|---|---|
| 保障期間 | 一生涯<br>期限はない | 期限がある<br>※例えば「60歳まで」「20年間」など | |
| 返戻金 | ある | ない | |
| 保険金額 | 一定（減らない） | | 徐々に減る |
| 保険料 | 高い ←→ | | 安い |

＊1.「定期保険」は「保障期間が限定される死亡保険」だが、その中でも、保障期間中に支払われる保険金額が変わらない「(平準) 定期保険」のことを、一般に「定期保険」と呼ぶことが多い
＊2.「収入保障保険」も「保障期間が限定される死亡保険」だが、保障期間中に支払われる保険金額が変わる。この点で、「(平準) 定期保険」と異なる

説明に使う保険

### ●収入保障保険

| | |
|---|---|
| 保険金額 | 死亡時から月額10万円 |
| 契約期間 | 20年 |
| 加入時期 | 子どもが0歳のとき |

この保険に加入直後に、世帯主が亡くなったら、保険金の給付期間は20年で、残されたご家族が受け取る保険金の総額は「10万円×12カ月×20年」で、2400万円です。でも、お子さんが10歳のときに亡くなったら、残りの給付期間が半分になっているので、保険金総額は1200万円です。つまり、収入保障保険の保険金の額は、加入から年数が経つにつれて少なくなります。

はい。

## 保険金がだんだん減る、収入保障保険

一方で、加入から年数が経つと、親御さんの年齢が上がり、死亡率も上がります。ですから、**収入保障保険の場合、加入者の死亡率が高くなるときに、保険金の額が少なくなる**のです。

保険会社にしてみれば、都合がいい、ありがたい、ということですか？

そうとも言えますね。だから、加入から20年間、**いつ亡くなっても2400万円の保険金が受け取れる、「(平準)定期保険」と比べても、収入保障保険では、保険料が安くなる**んです。

図7-3 「収入保障保険」と「(平準)定期保険」の違い

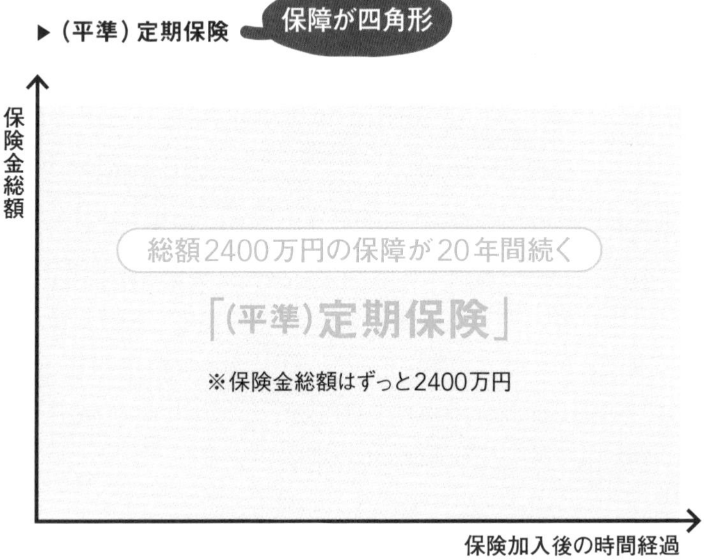
▶ (平準) 定期保険
保障が四角形
保険金総額
総額2400万円の保障が20年間続く
「(平準)定期保険」
※保険金総額はずっと2400万円
保険加入後の時間経過

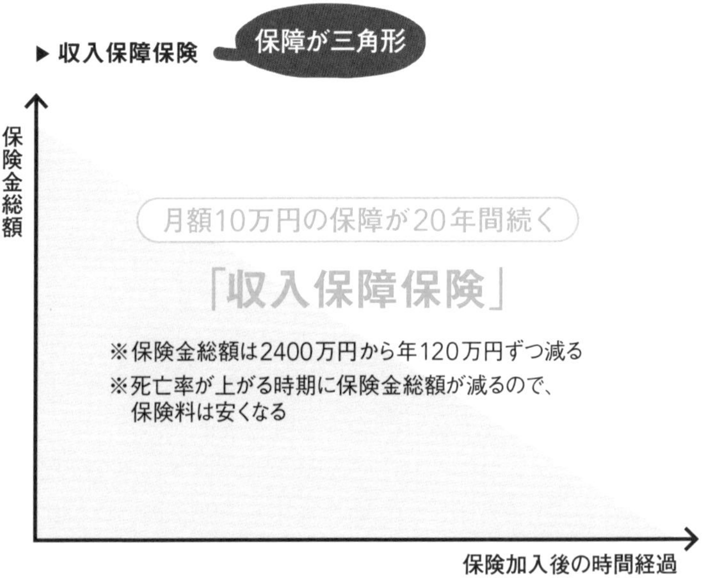
▶ 収入保障保険
保障が三角形
保険金総額
月額10万円の保障が20年間続く
「収入保障保険」
※保険金総額は2400万円から年120万円ずつ減る
※死亡率が上がる時期に保険金総額が減るので、
保険料は安くなる
保険加入後の時間経過

例えば、アクサダイレクト生命の商品で保険料を試算してみましょう。収入保障保険の場合、40歳の男性が20年間、保険金が月額10万円のプランに入ると、保険料は2670円です。同じアクサダイレクト生命の商品でも、2400万円の保障が20年間続く「定期保険」だと保険料は6394円ですから、かなり違いますよね。

確かに、結構違いますね。

## 「最低保証期間」を設定できる

収入保障保険にデメリットはないんですか？

**契約期間の後のほうでお亡くなりになった場合、「定期死亡保険」にしておいたらよかったと思われるかもしれない**ですね。先ほどの例で考えると、加入から19年後に死亡された場合、収入保障保険だと、保険金の総額は120万円（＝月額10万円×12カ月×1年）にしかなりませんから。

ただ、収入保障保険では、亡くなる時期が保険期間の満了時に近い場合に備えて、支払われる年金の「最低保証期間」を設定することもできます。

どういうことですか？

例えば、最低保証期間を2年と設定したとします。そうすると、契約期間の最後の2年間は、加入者がいつ亡くなっても2年間、月額10万円の保険金の支払いが保証されます。ですから、最低保証期間を2年にしておくと19年後でも保険金総額が240万円にはなります。

「そのあたりはお好みで」ということなのでしょうか？

そうですね。お子さんの年齢にもよりますが、大学生の間に必要な資金として600万円ぐらい確保したいということであれば、最低保証5年（月額10万円×12カ月×5年＝600万円）にしておくとか、そういう考え方ですね（下図参照）。ただし、最低保証期間を長くすると、その分、保険料は上がります。

なるほど。

図7-4 「収入保障保険」で受け取れる保険金

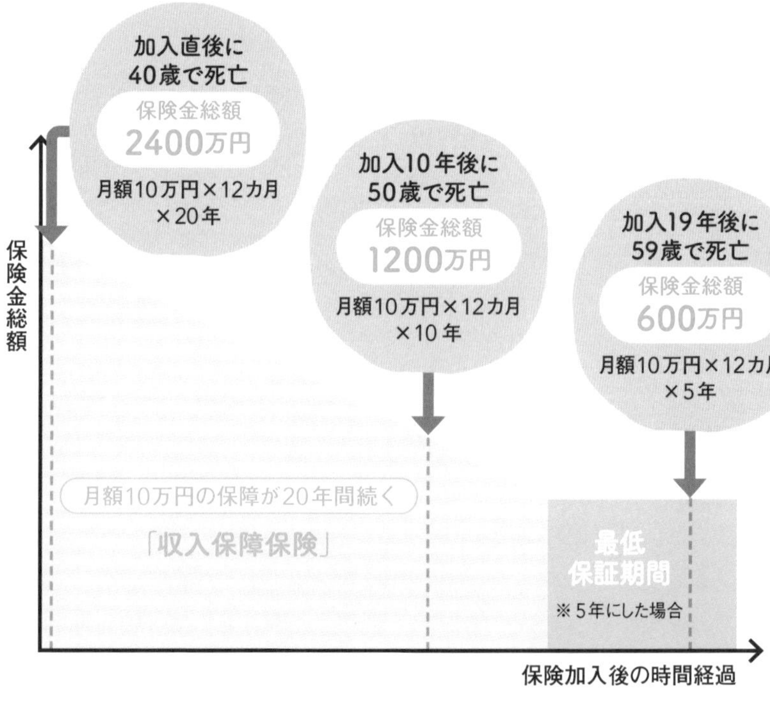

## 一括で受け取ると、保険金総額が減る

それから、保険金を分割ではなく一括で受け取ることもできます。基本的には月額に分割して受け取るのがいいと思いますが、まとまった額を一度に受け取りたい場合もありますよね。そのように考えが変わった場合、受け取る総額は分割で受け取る場合より減ります。

先ほどのアクサダイレクト生命の収入保障保険で試算すると、加入から5年後にお亡くなりになった場合、分割で受け取ると「10万円×12カ月×15年」で1800万円ですが、一括だと約1700万円です。

保険会社からすると、保険金支払いの負担が前倒しになるからですか?

おっしゃる通りです。そのあたりしっかりしているんです。でも、入院給付金の支払いなどが何らかの事情で遅れた場合、延滞利息を払うようなこともするんですよ。

そうなんだ。それは知らなかったです。

私も営業マン時代に知りました。あるお客様から「振込額に端数がついている、これって何?」って連絡があったんです(笑)。ともあれ、収入保障保険のほうが、保険金額の設定がわかりやすいのと、保険料の安さから、「(平準)定期保険」より使い勝手が良いかなと、私は考えています。

なるほど、わかりました。それで、今、入っている保険で何か問題がありますかね?

## 子どもが独立したら、死亡保険は不要では？

保障の期間が長過ぎるかもしれません。有司さんが今40歳で、65歳までの契約ですね。お子さんは4歳ですから、お子さんが20代後半のときに、有司さんがお亡くなりになった場合でも、毎月25万円が給付されます。

それくらいの年齢になったら、さすがに就職して自分で稼いでいるのでは？　と思います。

そうですよね。**長くても、お子さんが大学を卒業なさるまで保障があればいい**のではないかと思います。そうすると、有司さんが65歳になるまでの25年ではなく、58歳までの18年でいいわけです。大学院に進む可能性を考えて2年の余裕を見たとしても60歳まで、20年の保障で済みます。**保険料も安くなります**よ。

30代で入った保険より安くなるんですか？

ええ。**死亡保障に関しては、近年、長寿化を反映して保険料の値下げが進んでいます**し、**60代前半の死亡保障を持たないなら、その分、保険料が下がります**。60代以降は死亡率が上がりますから。ですから健康状態に問題がなければ、契約内容を変えて、別の保険会社の商品に入り直し、今の収入保障保険は解約なさるといいでしょう。

毎月25万円は、そのままでいいのでしょうか？　今の保険に入るとき、担当の人にシミュレーションを出してもらって決めた記憶がありますけど。

今の年収や支出から、万が一の際の「必要保障額」を算出するシミュレーションですよね。まあ、参考になさるのはいいと思いますが、私は正直、あまりあてにならないと考えています。

なぜですか？

物価・金利・税制などの変動、配偶者の就職・転職、お子さんの進路など、様々な「変数」をシミュレーションに織り込むのは難しいからです。

そうだよなぁ。

そうだとしたら、どうしたらいいのでしょうか？

どのように収入保障保険の保険金額を決めたらいいか、ですね。

## 死亡保険がなくても、遺族年金がある

現実には、どんな家庭も収入の範囲で、何とか、やりくりしていますよね？　世帯主が亡くなったとしても、同じです。ですから、「月々いくらあれば、有司さんがいなくなっても、何とか暮らしていけるのか」とお二人で考え、お決めになるのが一番でしょう。

食費・住居費・教育費・遊興費・医療費など費目別に生活費を見積もると保険金額が大きくなって、保険料も高くなりやすいので、**「どのみち、収入以上には使えないはずだ」と割り切ったほうがいい**かと思います。

確かに、そのほうが現実的な気がします。

その際、まずは国の**「遺族年金」**を考慮します。

「遺族年金」？

遺族年金は、国の年金制度の中にある仕組みです。有司さんは会社員ですから、厚生年金保険に入っていますよね。万一、有司さんが亡くなった場合、そこから遺族に毎月、年金が支払われるんです。その金額を示した表を、知人のファイナンシャルプランナー(FP)に作ってもらいました。有司さんが該当する「厚生年金に加入する男性が被保険者の場合」を、ご覧ください(次ページ)。有司さんのこれまでの年収の平均ってどれくらいですか？

20代は安かったので、600万円くらいですかね。

そうするとお子さんがお一人なので、**お子さんの高校卒業まで毎月14万円が給付されます。年額で168万円**です。

意外に大きいですね。

給与から厚生年金の保険料が引かれていますよね？　老後の年金になるお金が引かれているとばかり認識している人が多いですけど、いわゆる国の年金は**「老齢年金」**のことです。

厚生年金保険の制度には、他にも病気やケガで障害が残った場合に給付される**「障害年金」**、そして、世帯主などが亡くなった場合、遺族に給付される**「遺族年金」**も含まれています。**厚生年金保険は、民間の保険でいうと、傷害保険や死亡保険のような役割も果たす**わけです。ですから、私たちが支払うお金も、年金「積立金」ではなくて年金「保険料」という名称になっている、そんなふうに理解なさったらいいかと思います。

図7-5　遺族年金はいくらもらえるか？

▶ 厚生年金に加入する男性が被保険者の場合

| これまでの年収の平均 | 夫婦のみ 妻40歳未満 *1 | 夫婦のみ 妻40歳以上65歳まで | 妻と子1人 | 妻と子2人 | 妻と子3人 | 末子が高校卒業後 妻が65歳まで *2 | 妻が65歳以降 *3 |
|---|---|---|---|---|---|---|---|
| 300万円 | 2万8000円 | 7万7000円 | 11万3000円 | 13万2000円 | 13万8000円 | 7万7000円 | 2万8000円 |
| 400万円 | 3万7000円 | 8万6000円 | 12万2000円 | 14万1000円 | 14万7000円 | 8万6000円 | 3万7000円 |
| 500万円 | 4万6000円 | 9万6000円 | 13万1000円 | 15万0000円 | 15万7000円 | 9万6000円 | 4万6000円 |
| 600万円 | 5万5000円 | 10万5000円 | 14万0000円 | 15万9000円 | 16万6000円 | 10万5000円 | 5万5000円 |
| 700万円 | 6万4000円 | 11万4000円 | 14万9000円 | 16万9000円 | 17万5000円 | 11万4000円 | 6万4000円 |
| 800万円 | 6万8000円 | 11万8000円 | 15万4000円 | 17万3000円 | 17万9000円 | 11万8000円 | 6万8000円 |
| 900万円 | 6万8000円 | 11万8000円 | 15万4000円 | 17万3000円 | 17万9000円 | 11万8000円 | 6万8000円 |
| 1000万円 | 6万8000円 | 11万8000円 | 15万4000円 | 17万3000円 | 17万9000円 | 11万8000円 | 6万8000円 |

＊1　子どものいない30歳未満の妻の場合、遺族厚生年金を受け取れる期間は5年間に限られる
＊2　妻が40歳以上で子どもが18歳の年度末を超え、その4月以降
＊3　妻が受給する老齢厚生年金があれば調整される

※ 日本年金機構のサイトを参照して算出

なるほど、そういうことでしたか。

**遺族年金って、立派な「収入保障保険」なんです**よね。

本当ですね。

## 持ち家ならば、必要な保険金がさらに減る

おうちは賃貸ですか？

はい。

そうでしたら、あとは**遺族年金に、毎月上乗せでいくらあったら、家賃も含めた生活費をやりくりできそうか、お考えになるといい**と思います。例えば、今お入りになっている保険だと、保険金の月額は25万円ですから、年額換算で300万円、遺族年金と合わせて465万円です。美香さんのパートの収入はいくらくらいですか？

月に3万円くらいでしょうか。

では、美香さんの収入を加えたら、年収500万円を超えます。それなら、有司さんに万が一のことがあっても、それなりの生活は維持できる、といった判断ができるかと思います。

なるほど、わかりやすいですね。賃貸と持ち家とで違うんですか？　仮に、遠からず、家を買ったら、どうなりますか？

**住宅ローンの返済用に保険に加入する場合、世帯主の死亡時には、住居関連費用は大きく減る**ことになります。ですから、25万円の保険金額を、例えば15万円に減額するといった選択肢が出てきます。

## 安いのはFWD生命か？

毎月25万円という保障の額は同じまま、別の新しい保険に入ると、保険料はどれくらいになりますか？

アクサダイレクト生命のサイトで試算すると、現状6450円ですね。

やはり安くなりますね。

はい、今、お入りになっている保険は9416円ですから。非喫煙者で身長・体重・血圧などに応じた「優良体割引」などがある商品だと、もっと安くなります。

この会社の収入保障保険はお薦め、というのはありますか？

マネー誌などのランキングで上位の保険を扱っているショップや代理店に問い合わせなさるといいと思います。そして「**60歳まで、月額25万円の死亡保障を持ちたい。6450円より安くなるところがいい、安いほどいい**」とお伝えになったらどうでしょうか。

保険会社によって保険料が違うのですか？

違いますね。私が知る限りだと、有司さんの場合、FWD生命の収入保障保険が安いと思います。残念ながら、今、お入りになっている保険会社の場合、保険料が相対的に高めなんです。

そうでしたか！ 知らなかったです。

皆、知らずに入るんだろうなぁ。

比べにくいですしね。

安かろう・悪かろうということはないんですか？

## 安い保険が、いい保険

**同じ内容の保障であれば、安く持てるのが、いい保険**だと思います。保険商品の価値は、原則、保険料と保険金額の差にあるはずだからです。

じゃあ、後田さんが知っている限りでは、FWD生命が一番安いから、一番いいというわけですね。でも、探せばもっと安い会社があるかもしれない、と。

「保険料は入り口の問題。保険金の支払い、つまり出口が大事」という業界関係者もいますけど。

それは……理由をつけて、なかなか保険金を支払おうとしない会社もある、ということですか？

はい。保険料が安いことより、保険金支払いがちゃんとなされることが大事という論法です。でも、もともと出口までが契約ですから、死亡時に死亡保険金が支払われるのは当たり前で、支払われなかったらただの詐欺ですよね。

なるほど。では、がんにかかったら、保険料を払わなくてよくなるとか、あの類の条件についてはどう考えたらいいですか？

## 保険の特約が不要である理由

**「保険料払込免除特約」**ですね。

仮に、今回、有司さんが収入保障保険に入り直したら、死亡時に月額25万円の保障がある保険に、保険料6000円で加入できたとしましょうか。そのとき、**「がんにかかったら、毎月6000円を受け取ることができる保険も一緒にどうですか？」「この6000円があれば、保険料の支払いは心配ないです」と言われて嬉しいだろうか？**　と、そういう話です。

毎月25万円の保障だから保険に入るのであって、6000円は関係ないですよね？　しかも、6000円の保障をつけると、その分、保険料も上がるんです。

なるほど。そう言われると理解しやすいですね。

やはり、**保険金の大きさだけで考える**のがポイントです。

がんにかかったときと想像すると、何かと出費が膨らむときだから、保険料が免除されると助かりそうだとか、そんなふうに考えてしまうかもしれません。しかし、**収入保障保険は、あくまで、死亡時に備えるのですから、諸々の特約は不要**です。**事故死の場合、保険金が上乗せされる特約なども「遺族に必要なお金の額は、死因によって変わるものではない」と判断**したらいいと思います。

わかりました。保険ショップで候補を出してもらいます。

でも、**保険ショップに行くと、他の保険もいろいろ薦められるんじゃないでしょうか?**

## 保険販売員を撤退させる「たった一つ」の質問

たぶん、老後資金の準備など、提案してくると思います。そこで**「確実に商談が終わる一言」**をお伝えしておきます。**たった一つの質問で、保険販売員を確実に撤退させる**ことができます。

そんなのあるんですか!?

はい。**「保険会社側の取り分はどれくらいありますか?」**と尋ねてみてください。営業の仕事をしている人は誰も返答できません。ショップの人の場合、代理店手数料はわかるかもしれません。でも、保険会社の取り分はわかりません。

どんな保険でもわからないのでしょうか?

はい。商品設計に関わった人が「見込みの数字」を知っているくらいでしょう。保険料は給付金の支払いに必要と考えられる金額など、見込みの数字から決めますから。でも、どれくらい、会社側にお金が残るように見込んでいるのか、販売に関わる人は知らないです。そうであれば「お金の流れが不透明だからやめておく」と言えますよね？

「見込みの数字で構わないから、利用者と共有しましょうよ。相互扶助ということになっているではないですか？」というのが私の論法です。

ショップの人は、そういうことを言われたら嫌なのではないでしょうか？

わかりません。でも、最初のほうでお話ししたように、**保険は「お金をお金に換える仕組み」**ですから、不安喚起情報が多い一方で、お金の流れがブラックボックスに近い現状は、フェアじゃないなと思うんです。是非、お試しください。

なるほど、使わせてもらいます。

＊1. 厚生労働省「第23回生命表」（令和2年、完全生命表）に基づき、40歳の生存者数から、58歳の生存者数を引いた数を、40歳の生存者数で割って算出

# 検討に値する 数少ない保険

保険は極力、入らないほうがいいと私は考えています。ただし、数こそ少ないものの、検討に値する保険もあります。なお、介護保険など、老後に給付金を受け取る可能性が高い商品を除外しているのは、保険の仕組みに馴染まないからです。

死亡保険

**FWD生命**
**「FWD収入保障」**

子育て中の世帯主に収入保障保険をお薦めする理由は、五十嵐家に説明した通りです。その中でも、**非喫煙者や健康状態が良好な人の保険料を割り引いている商品**が検討に値し、「FWD収入保障」もその一つです。特約を付加しないで複数社の商品を比較しましょう。

---

**アクサダイレクト生命**
**「収入保障2」**

**喫煙者や健康状態が必ずしも良好でない方**に、ご紹介している収入保障保険です。相対的に保険料が安く、お薦めできる商品です。

---

**勤務先・業界団体の**
**「団体保険」**
**「グループ保険」**
**「(各種)共済」**

勤務先や業界団体により呼称は様々ですが、1年更新の「(平準)定期保険」を、**個人向け商品より格安で利用できる**ケースがあります。保険金額を子どもの成長に合わせ減らしていくと、加齢による保険料の大幅上昇も回避できます。団体保険やグループ保険は、医療保険やがん保険、就業不能保険でも、最安になる可能性があるので、是非、ご確認ください。

医療保険・がん保険

都道府県民共済
「入院保障2型」

「貯蓄が少ないので、病気やケガに備えたい」といった方には、「都道府県民共済」をご紹介しています。

例えば「都民共済」は、18〜60歳まで一律2000円で、入院日額1万円等の保障を持てます。「新がん1型特約」を付加すると、プラス1000円で、がん診断時に50万円等の保障を上乗せできます。剰余金の払い戻しも加味すると、実質的な負担は2000円台です。

**都道府県民共済は、決算情報から最も良心的な運営をしていると判断できます**し、終身保障を提供していない点も理に適っていると評価しています。

就業不能保険

アクサダイレクト生命
「アクサダイレクトの働けないときの安心」

**貯蓄が少ない、自営・フリーランスである**といった理由から、働けなくなったときの備えが必要と感じる方に、ご紹介しています。保障内容と保険料のバランスで選びました。

会社員・公務員の方は、健康保険に傷病手当金があるので、540日間は給付金が半額で、その後、満額になる「ハーフタイプ」にして、保険料を抑えるといいはずです。

貯蓄目的の保険

明治安田生命
「じぶんの積立」

月々5000円から5年積み立て、5年据え置いた後の返戻率が103%という商品です。中途解約でも元本割れがなく、生命保険料控除の対象になるのでご紹介しています。

第8章

# 「進学資金」という大義名分が、判断をゆがめる

では、最後に「学資保険」を見ていきましょう。4年前に加入なさっていますね。

加入中の保険

### ③ 学資保険

| | |
|---|---|
| 保険金（満期金）額 | 200万円 |
| 保険料 | 月9399円（子どもが17歳、有司が53歳になるまで払う） |

はい。4年前に子どもが生まれたときに、親に勧められて入りました。友達にも「絶対、お得」だって言われたので。

## 学資保険は「定期預金よりお得」か？

なるほどそうでしたか。契約内容を確認すると、「17年満期」で「満期金200万円」の学資保険ですね。お子さんが生まれてから毎月9399円、年間約11万円の保険料を支払い続けると、加入から17年後、お子さんが17歳になる年度に、満期金200万円を受け取れるという契約です。これを大学進学時の資金にしましょうと、そういうプランですね。

そうですね。

**満期金の保険料総額に対する返戻率は104.3%**ですから、「**預金よりお金が増える**」ということで加入なさったのだと思います。

はい。104.3%だったら銀行に預けるよりもいいですよね？

確かに4年前の定期預金の金利は0.016%程度で、17年後のお金の増え方を計算すると100.1%くらいですから、**学資保険は「預金より有利」と思える**でしょう。ただ、保険会社で商品設計に関わっている専門家に言わせると、「そもそも学資保険のような貯蓄目的の保険を、預金と比較してはいけない」そうです。複数の専門家に尋ねましたが、皆、同じことを言っていました。

なぜですか？

## 「元本割れ」のリスクが見落とされている

リスクが違うからです。預金はいつ引き出しても元本割れはないですよね。その点、保険は違います。次ページの表をご覧ください。今、お入りになっている学資保険を、途中で解約したときの返戻金がいくらになるかをまとめました。ご覧の通り、**加入から10年間、いつ解約しても元本割れ**します。

本当だ！

ですから、あと6年は元本割れです。その後の返戻率は100%ですが、**11年目以降、満期まで1円も増えない**とも言えますよね。

ちょっとびっくりしていますけど……、これって常識なのでしょうか？　つまり、**学資保険を中途解約したら損するっていうのは**……。

いいえ、常識ではないでしょう。皆さん、大抵、驚かれます。学資保険に限らず、**貯蓄目的の保険では、「満期金÷保険料総額」という**

## 図8-1 学資保険を解約したときの返戻金・返戻率

### 五十嵐家が入っている「学資保険」

| 経過年数 | 保険累計額 | 解約返戻金 | 返戻率 |
|---|---|---|---|
| 1年 | 11万2788円 | 10万1058円 | 89.6% |
| 2年 | 22万5576円 | 20万8432円 | 92.4% |
| 3年 | 33万8364円 | 31万7047円 | 93.7% |
| 4年 | 45万1152円 | 42万6790円 | 94.6% |
| 5年 | 56万3940円 | 53万7435円 | 95.3% |
| 6年 | 67万6728円 | 65万1012円 | 96.2% |
| 7年 | 78万9516円 | 76万6620円 | 97.1% |
| 8年 | 90万2304円 | 88万4258円 | 98.0% |
| 9年 | 101万5092円 | 100万3926円 | 98.9% |
| 10年 | 112万7880円 | 112万5624円 | 99.8% |
| 11年 | 124万668円 | 124万668円 | 100.0% |
| 12年 | 135万3456円 | 135万3456円 | 100.0% |
| 13年 | 146万6244円 | 146万6244円 | 100.0% |
| 14年 | 157万9032円 | 157万9032円 | 100.0% |
| 15年 | 169万1820円 | 169万1820円 | 100.0% |
| 16年 | 180万4608円 | 180万4608円 | 100.0% |
| 17年 | 191万7396円 | 191万7396円 | 100.0% |
| 満期 | 191万7396円 | 200万円 | 104.3% |

返戻率は
10年間ずっと
100%未満で
元本割れ

11年目から100%
※お金は
増えない

満期になると
返戻率が
100%を超える

**単純計算で出した返戻率だけを見て、「得だ！」と思い、加入する人が多い**のでしょう。**中途解約したときの元本割れは、見落とされがち**だと感じます。**かんぽ生命の学資保険なんか、満期になっても元本割れすることが多いのに、今も売れています**からね。

本当ですか？

はい、驚きますよね。

でも、うちが入っている学資保険は、満期まで解約しなければ、元本割れはしないんですよね。それなら、解約しなければいいんじゃないかって思いますけど。

そうかもしれません。そこで、こう考えてみてほしいんです。

**「17年後に104.3％」というお金の増え方は、「10年間、いつ解約しても元本割れし、その後も満期までお金が増えない」という条件に見合うのか？**　と。

後田さんは「見合わないだろう」と？

はい。

## お金を増やすのに「理由」は要らない

私は、学資保険をきっかけに、お金の増やし方について、ある疑問を持つようになりました。**「お金の使い道」によって、「お金の増やし方」を変える必要があるのか？**　という疑問です。仮に「お金が増

図8-2 「お金の使い道」と「お金の増やし方」

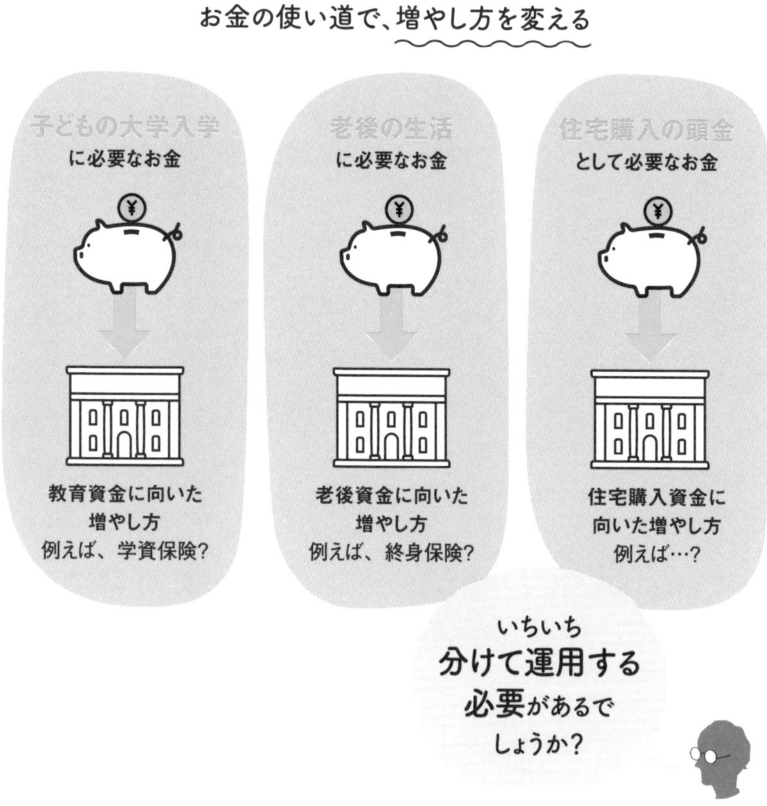
お金の使い道で、増やし方を変える
子どもの大学入学
に必要なお金
教育資金に向いた
増やし方
例えば、学資保険?
老後の生活
に必要なお金
老後資金に向いた
増やし方
例えば、終身保険?
住宅購入の頭金
として必要なお金
住宅購入資金に
向いた増やし方
例えば…?
いちいち
分けて運用する
必要があるで
しょうか?

えやすい」と評価できる方法がある場合、使い道が入学金だろうが、授業料だろうが、老後資金だろうが、迷わずその方法を採用したらいいはずだと思うんです。

でも、学資保険に入ると、17年間、コツコツとお金を貯めていけますよね。そこはいいな、と思いますけど。

そうですね。ある意味、楽かもしれないです。ただ、先ほどの私

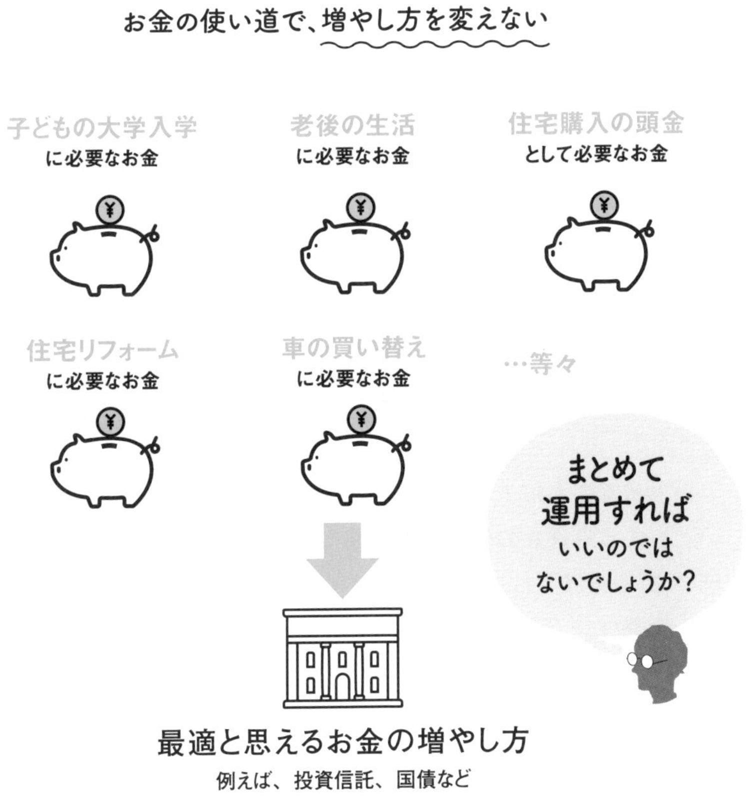


の疑問に戻るとどうでしょうか？　**お金の使い道を「学資＝進学資金」に限定することで、お金が増えやすくなることなんて、あるのか、と**いうことです。疑問に思いませんか？

それはそうですね。

そこで、いったん「進学資金」という使い道から離れて、考え直してみたいんです。

例えば、こんな借金の申し込みがあったらどうですか？

「毎月約9000円、総額で192万円ほど貸してほしい。17年後に200万円にして返す。ただし、10年経つ前に返してほしいというのなら、常にそれまで借りた額を下回る金額しか返さないし、その後7年間は、返すとしても、利息は全く付けないで、借りた額を返すだけにする。この条件で是非よろしく」

それは、ずいぶんだなと思いますね。

そうでしょう？　でも、**10年も元本割れが決まっている学資保険**って、こういう話と同じだと思うんです。

不思議ですよね？　**借金の申し込みとして考えると、かなり図々しいと思える条件なのに、「進学資金を準備するため」といった「お金の使い道」を掲げると、急に問題視されなくなる**んです。それどころか、喜んで飛びつく人がたくさんいる。お子さんの祖父母が契約者になっている事例も珍しくありません。「保険料は私たちが払うから、入っておきなさい」ということなのでしょう。

でも、借金の申し入れだろうが、学資保険の勧誘だろうが、お金の出どころは同じ五十嵐家ですから、「10年間、元本割れが確定している場所にお金を置くか否か」についての結論は同じはずです。お金の使い道で、判断が変わるのはおかしいですよね。

そんなふうに考えたことはありませんでしたけど、確かに「学資」という目的を意識することで、判断がゆがんだのかもしれないですね。

でも、学資保険がダメなら、どうやって子どもの進学資金は貯めたらいいのでしょうか？

## 学資保険の代わりに個人向け国債

**学資保険の代わりに、例えば、「個人向け国債・変動10（変動金利型10年満期）」を買う**というのは、どうでしょうか？　将来、必ず使うお金だから額面を減らしたくない、ということであれば、悪くない選択肢だと思います。

### 図8-3　個人向け国債の概要

| 商品名 | 変動10<br>変動金利型<br>10年満期 | 固定5<br>固定金利型<br>5年満期 | 固定3<br>固定金利型<br>3年満期 |
|---|---|---|---|
| 特徴 | 実勢金利に応じて半年ごとに適用利率が変わるため、受取利子が増えることもある | 満期まで利率が変わらないので、発行した時点で投資結果を知ることができる | |
| 満期 | 10年 | 5年 | 3年 |
| 金利タイプ | 変動金利 | 固定金利 | |
| 最低金利 | 0.05％（年率） | | |
| 利子の受け取り | 半年ごとに年2回 | | |
| 購入単価 | 最低1万円から1万円単位 | | |
| 途中換金 | 発行後1年経過すれば、いつでも中途換金が可能＊ | | |
| 発行頻度 | 毎月（年12回） | | |

＊直前2回分の各利子（税引前）相当額×0.79685が差し引かれる

個人向け国債というのは、国がお金を借りる際に発行する借用書のようなものです。

お金を貸すので、利息が付きます。**「個人向け国債・変動10」**（以下、**変動10）の場合、最低保証金利は年率0.05%**です。1万円から買えますが、毎年10万円買っても利息は1年に50円で、預金よりはマシと言える程度です。17年後に104％という学資保険の返戻率には届きません。ただ、**変動10の場合、そのときどきの情勢で、金利が上がったり、下がったり**します。

だから「変動」というんですね。

そういうことです。物価が上がれば、国債の金利も上がることが多いので、**物価上昇にある程度、備える**ことができます。満期は10年で、**購入から1年経過したら、いつでも一部または全部を換金できて、元本割れはありません**。

でも、金利がその程度であれば、やっぱり学資保険のほうがいいのではないですか？

確かに、**学資保険のように17年後に104％の返戻率になる場合、年率0.46％で運用できた**計算です。

ただし、それは**あくまで学資保険を中途解約せず、契約を継続したときの話**です。現に、コロナ禍で収入が減った方が、学資保険を中途解約なさった例もあります。「17年間、解約しない」という前提は怪しいんです。また、学資保険の満期までに国債の金利が上がるなど、もっと有利な金融商品が出てくる可能性もあります。そのとき、今の学資保険を解約して乗り換えたら、必ず損が出ます。

年率0.46％はそうしたリスクには見合わないと。

はい、先ほどの「借金の申し込み」のたとえ話を、何度でも思い出してほしいです。満期までは「常に借りた額を下回るお金しか返さない」という条件が付いているんです。そんな条件でお金を渡すのなら、例えば、年率0.46％ではなく、10年後の返戻率が146％になるとか、それくらいのお金の増え方でないとリスクに見合わない気がします。

ですから、私は**「変動10こそ、賢いお金の増やし方だ」と言いたいのではない**んです。**変動10は、学資保険よりリスクが低くて、預金にはない利点がある**のでご紹介しています。ちなみに、変動10の利率は、2023年10月分が0.43％。2021年10月発行分の0.05％と比べると、上がっています

個人向け国債ってどこで買うのですか？

証券会社や銀行などで買えます。最初に、銀行や証券会社に専用口座を開く必要があって、ひと手間かかります。とはいえ、国債を買うことには、元本割れしないとか、物価の上昇にもある程度対応できるという以外にも、学資保険にはない利点があると考えています。

それは何ですか？

## 学資保険は「入り口」に過ぎない

保険会社から営業されなくて済みます。

そういうことですか……。

**学資保険は、保険会社からするとそれほど美味しい商品ではありません。**

そうなのですか !?

はい。1年後に解約したときの返戻率を見れば、明らかです。学資保険では、有司さんの契約でも1年後の返戻率が90%近いでしょう？

米ドル建て終身保険では、どうでしたか？　30%にも届かなかったですよね。それだけ会社側の取り分が少ないんです。そのため、**保険業界では学資保険は「ドアノック商品」**と呼ばれています。

学資保険をきっかけに他の商品を売るぞと、そういうことですか。

はい。**保険の販売員は、新規契約獲得を高く評価する報酬体系の下で働いています**。だから、彼らは「プレゼント付きのキャンペーン」だの「ご契約内容の確認」だの、様々な口実で面談の機会を作る努力をします。対面の機会が増え、粗品などをもらっているうちに、勧誘を断りにくく感じてしまう人もいます。社会心理学で「返報性の原理」と呼ばれる傾向です。甘く見ないほうがいいはずです。

そういえば、少し前に「外貨建て保険よりお金が増える」という保険を提案されました。「投資信託でお金を運用する保険」でした。

そうです。保険料を減らしたくなっていた時期だったので、お断りしたんです。

## 「変額保険」の落とし穴

**「変額保険」**ですね。保険料を投資信託で運用して、その成果によって、死亡保険金や解約返戻金が増えることもあります。ただし、お金は増えにくいです。

やはり手数料が高いのですか？

そうなんです。保険料を毎月積み立てる契約の場合、加入から1年後の解約返戻金はゼロという事例も少なくありません。販売員の取り分が多いからです。

保険会社は販売員に、過去のデータなども用いて、投資信託を利用してお金を積み立てると、長期的にお金が増えやすいと教えています。ただし、その際、「高い手数料は決定的なデメリットになる」とは教えません。だから、「運用ができて、死亡保障まで付いている」くらいの認識でお客様に薦めている販売員もいるんです。

**セールスの人たちに悪気はなく、僕らによかれと思って、損する保険を薦めている**わけですか。酷い話ですね。

もともと、販売員と顧客は「利益相反」なんです。だから、悪気があるとかないとかに関係なく、**販売員との接点は少ないほどいい**と思います。

なるほど。じゃあ、学資保険も解約ですか？　今やめても3万円も損はしないですね。

でも、**学資保険を、今、解約すれば、確実に損する**わけよね……。貯金とそんなに変わらないから、これはそのままでもいいような気がしますけど。満期まで持ち続ければいいんじゃないかしら。

## 3万円を損しても解約すべき理由

そういう見方もできるかもしれないですね。でも、**学資保険を解約して戻ってきたお金を投資信託だとか、他の金融商品で運用したら、13年後には、もっとお金が増えている**可能性もあります。

つまり、104.3％より高い成果も狙える、と？

その可能性はあると思います。卑近な例で恐縮ですけど、私が3年前から積み立てを始めた投資信託の場合、100万円の投資に対して既に133万円くらいになっている計算です。

33％のプラスですね！

もちろん、お金が減った時期もありますし、現時点でマイナス33％になっていてもおかしくない仕組みを利用していると自覚しています。それでも、五十嵐さんの場合、お子さんが進学する13年後に一度、現金化するとしても、あと13年ありますから、100万円が104万3000円になるより大きな成果を見込んでも楽観的過ぎるとは思いません。それに13年後の進学時にこだわる必要もないかなと思うんです。

なぜでしょうか？

## 13年後の運用成績がマイナスでもいい

「お金の使い道」によって「お金の増やし方」を変えるべきか？　という疑問と同じで、**「お金が必要になる時期」によって「お金の増やし方」を変える必要もない**だろうと思うんです。仮に、お金を使う時期を、今から「13年後」、お子さんが生まれてから「17年後」の「進学時期」に限定することで、お金が増えやすくなるなんてことがあるならいいですよ。でも、あるとしたら誰も苦労しないですよね。

投資信託でお金を運用して、仮に10年後に大幅なプラスになっていたら、お子さんの進学を待たずに、お金を引き上げて変動10を買うのもありでしょう。

また、仮に、13年後の運用の成果はマイナスだったとしても、進学資金を払えたらいいわけですよね？　そうであれば、投資信託は解約しないで、変動10を解約してもいいし、預金から出せるのならそれもいいはずです。どんな口座からお金を払っても、出どころは同じ五十嵐家です。

つまり、進学資金が必要になる時期に、相応のお金が五十嵐家にあればいいのであって、**「13年後に投資信託の成果がマイナスになっていたら失敗で、取り返しがつかない」という話ではない**と思うんです。

でも、マイナスになっている投資信託を解約するほか、進学資金を確保する方法がなかったら？

そうですよね、マイナスが確定するのは嫌ですよね。私も嫌です。

## 「ピンポイントの運用成績」に大きな意味はない

ただ、後で説明しますが、五十嵐家の場合、そういうことにはならないはずです。それに、仮に投資信託のマイナスが確定しても、それは、ある時点での家計の記録に過ぎないと思うんです。

**入学金や授業料を学校に支払えば、投資信託から払っても、預金から払っても、家計全体で見ると保有資産は減ります**よね？　そのときに、マイナスになっている投資信託から払うのは、嫌な感じがする。預金だと、額面が変動していないので許せる。でも、仮に**物価が上がっていたら、預金の価値は減っているのと同じ**です。預金口座にお金を置き続けるという選択は失敗だったことになるんです。

いずれにしても、進学時という一時点に注目して、運用の是非を考えるのはどうでしょうか。**長期的にお金が増えやすい判断をしているのであれば、それでいい**と思えませんか？　その後の人生のほうが長いわけですし。

気にするなということでしょうか……。

気になるのは仕方がないと思うんです。それにしても私は、やはり「進学資金」というお金の使い道を起点に考えてしまうことで、諸々の判断が、良くない方向に変わってしまう気がするんです。もともと五十嵐さんの**今後の人生を通じ、家計全体で、なるべくお金が増えやすいのが望ましい**わけですよね？

まあ、そうですね。

それが「子どもが生まれてから17年後、大学に進学するとき」とピンポイントで目標設定すると、100万円の積み立てに対して、104万円を下回るケースは受け入れられないとか、104万円が約束されるのであれば、10年間、元本割れしていても構わないとか、そんなふうな判断になりやすいんです。不思議ではないですか？

**17年後に4万円、お金が増えていることが、そんなに大事なのか？**

例えば、17年後という一時点で切り取れば、数十万円マイナスかもしれない、でも、これから20年間、30年間のどこかでは100万円増えている可能性もある、歴史に学ぶとプラスが大きくなる可能性が高い。そんな商品がある場合、検討しなくていいのか？　と、あらためて考えてしまうんです。

なるほど、大学進学時というタイミングに縛られて、視野が狭くなっているのかもしれませんね。

## 五十嵐家には、既に現金400万円がある

ともあれ、今回、私は五十嵐家の場合、もう進学資金は用意できているとも思っているんです。

なぜでしょうか？

先ほど、外貨建て終身保険を解約すると決めましたよね。この契約に、たくさんお金が貯まっているからです。3万ドル前後の返戻金があり、最近の為替レートで換算すれば、少なくとも400万円にはなるでしょう。

一方、**売れ筋の学資保険の満期金は100万〜200万円程度**です。文部科学省の調べによると、私立大学の初年度学生納付金（授業料、入学料、施設設備費の合計）は135万7080円（＊1）ですから、この程度の出費はカバーできるという論法でしょう。

けれど、それなら、**お子さんが17歳になるとき、手元に100万〜200万円のお金があればいいだけ**のことじゃないですか。**必ずしも、「学資保険」に頼らなくていい**。そして、お二人には今、外貨建て終身保険を解約するという選択肢がある。この手を選べば、大学入学初年度に必要な資金を、少なくとも2人分くらいは賄えますよね。

外貨建て終身保険に入ったのは、失敗だったかもしれないけれど、結果として、そこに、それなりのお金が貯まっていた。それが埋蔵金だ、ということですね。

そうなんです。「進学資金はとっくに用意できている」と見ていいと思うんです。

なるほど、わかりました。

学資保険にしかないメリットとか、そういうのは全くないのですか？

学資保険に特有の機能としては、満期までの期間中、契約者に万一のことがあった場合——今回の契約の場合だと、有司さんの死亡時——ですね、以後の保険料支払いが免除されます。そして満期には200万円が給付されます。これは他の貯蓄商品にはない保障機能です。

とはいえ、このような保障は、学資保険でなくても持てます。有司さんの死亡時に、「200万円＋有司さんが死亡しなければ支払うはずだった保険料の総額」の保険金が支払われる保険に入っているのと同じだからです。そして、五十嵐家の場合、有司さんが死亡したときの備えは、既に「収入保障保険」で用意できていますから、それほどありがたがるものではないと思います。

そうですね。学資保険、無理して続けなくてもいいかと思っています。

**でも、満期まで持っていればプラス**なんですよね。それなら、このままでいいような……。

はい、その考え方もありだと思います。私だったら、解約して、すっきり運用し直すのが、いい気分だと感じますが、それが絶対の正解だとも思いません。五十嵐家の場合、終身保険を解約すれば、学資保険を中途解約する可能性も下がりますし。お二人でよく話し合ってください。

そうですね。少し気持ちが軽くなりました。

## お金の出どころは保険でなくていい

よかったです。学資保険の見直しを機に、あらためて強調しておきたいのは、**「お金を用意する方法は、何でもいい」**ということです。医療保険の見直しでも、お話ししましたね。

**進学資金も、老後資金も、必要なときに必要な額があればいい**のであってお金の出どころは関係ないはずです。**進学資金だからといっ**

**て学資保険で用意しなくたっていい**ですし、**老後資金を終身保険で用意する必要もない**んです。それ以外の手段、例えば、変動10（個人向け国債）を解約したお金でもいい。それが「必要なときに必要な額があればいい」ということです。先ほどの、「お金の使い道」により「お金の増やし方」を変える必要があるだろうか？　という疑問と裏表のような考え方です。

実は、その「お金の増やし方」が気になるのですが……。

何でしょう？

＊1. 文部科学省「私立大学等の令和3年度入学者に係る学生納付金等調査結果について」。なお、国立大学の場合、初年度に必要な授業料と入学料の合計（標準額）は、81万7800円（「国立大学等の授業料その他の費用に関する省令」）

# 第9章

# 保険解約でできたお金を、NISA・iDeCoで運用

保険はできるだけ入らないほうがいいというのは、よくわかりました。でも、気になるのが「老後資金」なんです。先ほどから、「お金を増やす」という話を、ずっとされているじゃないですか。

投資、例えば**「NISA」**とか、お金の運用ですね。後田さんの専門分野ではないかもしれませんが。

わかりました。おっしゃる通り、私は投資の専門家ではありません。ただ、保険相談では必ずと言っていいくらい、運用に関する質問もいただくので、一個人として学んだことをお話ししています。

## 「インデックスファンドを利用する」のが、お薦め

結論から言うと私は**「インデックスファンド」と呼ばれる投資信託に、毎月、一定額のお金を積み立て**ています。

?

インデックスファンド？　そもそも投資信託からわかっていないんですけど……。

**「投資信託」**は、**運用会社を通して様々な会社の株などを購入する仕組み**です。個人が特定の会社の株式を買うのと違って、運用会社には桁違いのお金が集まるので、世界中から株式などを買い、そこで出た利益を、お金を出した個人に戻す。そんなことができるわけです。

**「インデックスファンド」**は、投資信託の商品の一種で、市場全体に連動して値動きをするように、投資先を分散します。これに対して、運用のプロが高いリターンを目指して投資先を選ぶのが**「アクティ**

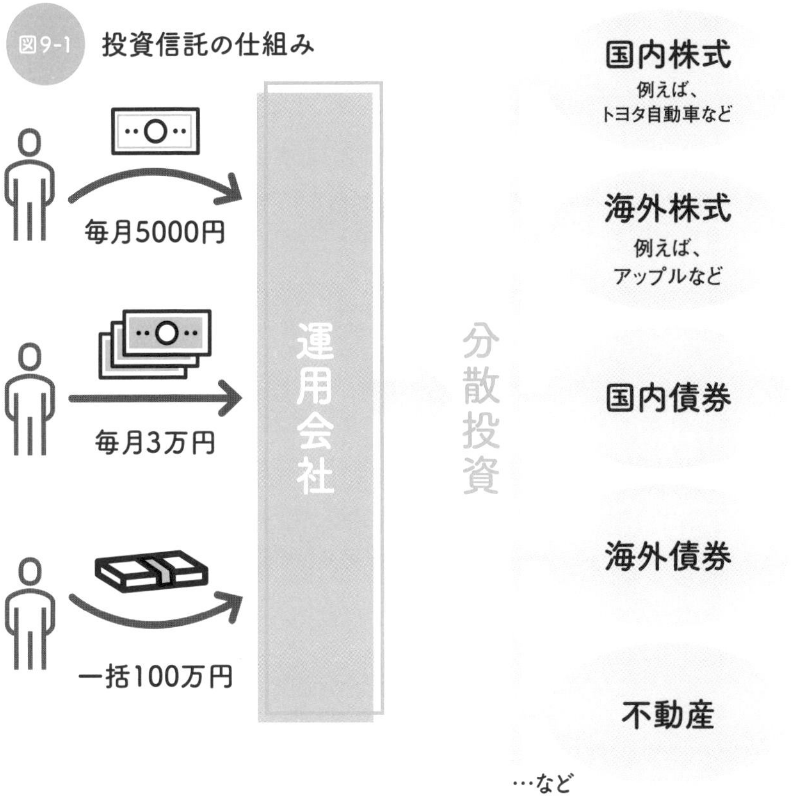


**ブファンド」**ですが、**歴史に学ぶと、インデックスファンドのほうが、アクティブファンドより、成績がいい**んです。**手数料の安さも魅力**です。

プロが投資先を選び抜くより、成績がいいんですか？

そうなんです。プロが予測しても当たりハズレがあるからでしょうね。選び抜くより、世界中の主要な株式をくまなく買うようなやり方のほうがいいみたいです。

**インデックスファンドを毎月、一定額購入して、積み立てていく**という方法は、**「長期・積立・分散投資」**などと言われています。

どの投資信託がいいとか、お薦めはありますか。

それは、私の立場では答えられません。投資の専門家ではないですから。ですが、今、どの投資信託を選ぶのがいいかについては、有識者の間で見解がほぼ一致する「正解」が出ています。だから、その1本を利用したらいいのではないかと、個人的には考えています。

そんな商品があるのですか！　どれですか！?

調べればすぐわかりますよ。全世界に投資できて、手数料がとにかく安い、投資信託です(*1)。検索してみてください。

でも、投資って、お金が減る可能性もあるんですよね？

## 預貯金でも、お金の価値が減ることはある

確かに**「お金が減ることもある」と知るだけで、迷います**よね。実際、**残高の変動に耐えられない人が無理してやるのはどうか**と思います。それでも、私はやらないよりやったほうがいいのではないかと考えています。そもそも、**どんな方法にもリスクがある**と思うんです。例えば、預貯金だとお金はほとんど増えないものの、減りもしないです。でも、2022年から急に物価が上がりましたよね。

そうですね。

すると、**預金残高の額面は変わっていなくても、同じ額のお金の「購買力」は大きく減っていて、預金の価値は下がっている**ことになります。そして、物価が元に戻らない限り、お金の価値は下がったままです。

したがって、インフレを視野に入れれば**「預貯金にもリスクがある」**。そして受取額が決まっている保険金にもリスクがあります。

なるほど、それは説得力がありますね。

どんな方法にもリスクがあるという認識に戻ると、**インデックスファンドを使った積み立てにもリスクはあるものの、リスクに見合うリターンを期待できる**と思って、実践しているところです。

実際、どれくらいお金が増えるのでしょうか？

2022年4月13日付の日本経済新聞に興味深い記事がありました。**投資信託を利用して、1990年1月以降、先進国の株式に20年間、積立投資をした結果**を、編集委員の田村正之さんが試算した記事です。

## 20年続ければ、お金は平均2倍になっていた

時期をずらして、いくつかのパターンで試算していますが、**平均で積立総額の2倍強**です（*2）。次の[図9-2]を見てください。

えっ、本当ですか!?

記事にする際、いい時期の数字ばかりを取り上げるとか、そういう書き方もできますよね？

確かにそうですね。ただ、この記事の場合、積み立ての開始時期を1カ月ずつずらして試算例を増やし、平均を出しています。ですから、いい時期も悪い時期も含んだ平均です。それで、**最悪の時期で**

図9-2 **20年間の積立投資の運用成績**（年利回り）
**— 先進国の株価指数に連動するインデックスファンドの場合**

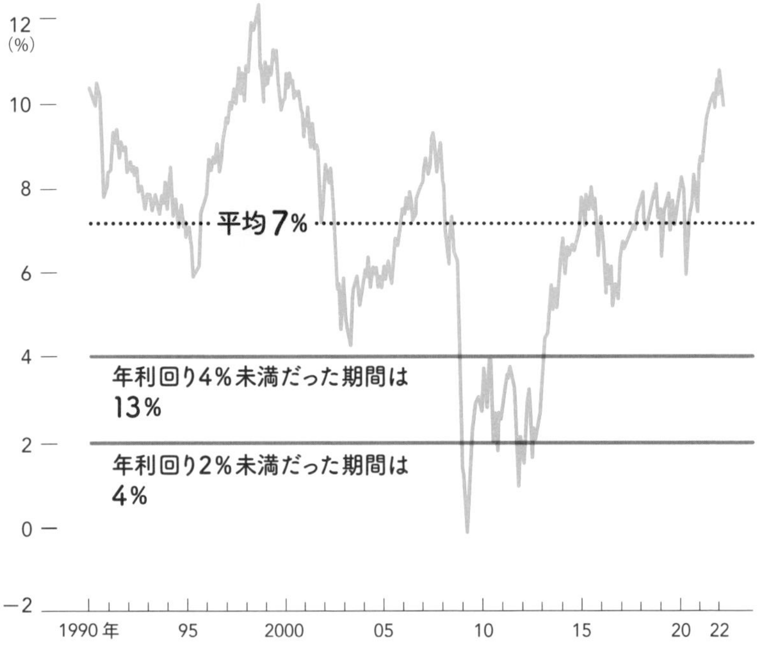


出所：「インフレ・円安への資産防衛　積み立て投資『勝率』96%」、日本経済新聞、2022年4月13日

**も0%、つまり積立総額とトントンで減ってはいない**んです。**この一番悪い期間でも、30年まで積立期間を延ばすと積立総額の1.7倍に増える**計算だと報告されています。

やってみようかなと思える数字ですね。

ただし、減るときは減りますよ。**私も2020年の春、コロナ禍の影響で、投資信託を使って運用してきたお金の残高が35%くらい減りました。積立総額と比べても20%以上の減少**でした。

「もうやめよう」とは思わなかったのですか？

やっぱり「痛いなぁ」とは思いました。ただ、**2008年のリーマンショックのときに資産が半分くらいまで減っても運用をやめないで、その後、従前以上に増やしている**人も知っていたので、そのまま続けました。今は積立総額の25％増くらいで推移しています。

続けるのが大事なんでしょうね。

そうですね、私は、**歴史に学ぶ**というのが大切なのではないかと考えています。もちろん、過去の歴史が将来を約束するわけではありません。ただ、先のことは誰にもわからないからこそ、歴史に学びたい。そうすると、先ほどの記事にもあったように、世界中の株式などに分散投資するインデックスファンドを使った運用の成果は、波がありながらも、長期的には右肩上がりを見込めるのではないか、と思っています。**あくまで、個人の見解ですけどね。**

なるほど、筋は通っているように思います。

## 老後資金なら、NISAより先にiDeCo

老後資金準備で、お薦めとかありますか？

個人型確定拠出年金、**「iDeCo（イデコ）」**ですね。

iDeCoって聞いたことはあるのですが……。

NISAもありますよね？

どちらも**個人の資産形成を支援する国の制度**という認識でいいと思います。**NISAもiDeCoも、投資の運用益に対して税金がかからない**という利点があります。本来なら、運用で得た利益の約20%を税金にとられるので、大きいです。

NISAより先にiDeCoをやったほうがいいですか?

**NISAとiDeCoは、併用が可能**で、現役世代のほとんどの方が利用できますが、**老後資金の準備であれば、iDeCoが先**でしょうね。なぜかというと、**iDeCoの場合、投資信託などに積み立てていくお金(拠出金)が、所得控除の対象に**なります。つまり、**積み立てを始めるだけで、所得税と住民税が安くなる**んです。これはNISAにはない利点

図9-3 「iDeCo」と「新NISAのつみたて投資枠」

| | iDeCo | 新NISAのつみたて投資枠 |
|---|---|---|
| 毎月の積み立ての最低金額 | 5000円から | 100円から *3 |
| 積み立てを始める時期 | 20~65歳 *1 | 18歳以上 |
| 引き出しの時期 | 60~75歳 *1、*2 | いつでも |
| 1年に積み立てられる上限 | 14万4000~81万6000円 *1 | 120万円 *4 |
| 税制の優遇を受けられるタイミング | 拠出時・運用時・受取時 | 運用時 |

*1. 国民年金の加入区分などで異なる　*2. 引き出しを始める時期　*3. 証券会社によって異なる
*4. 2023年度までの「つみたてNISA」では、40万円

です。運用の成果に関わらず、確実に手元に残るお金が増えるので、利用しない手はないと思います。ただ、**iDeCoは「年金」なので、60歳になるまで原則として引き出せません**。

途中で、お金を使いたくなると困りますね。

そうですね。**iDeCoは家計を圧迫しない範囲でするのが大事**だろうと思います。積み立てられるお金の上限は、国民年金の加入資格によって異なるので、次の[図9-4]にお示ししますね。

税金ってどれくらい安くなるんですか？　生命保険でも税金は安くなりますよね？

## 節税するなら、生命保険よりiDeCo

はい。iDeCoの場合、私は「ろうきん」のサイトで試算しています。「節税シミュレーター」というページがあって、職業なども加味して試算できるんです。

仮に、年収500万円で40歳の会社員が月々の限度額である2万3000円ずつ積み立てる場合、年間4万1600円、60歳までの20年間で83万1000円、税金額が少なくなる計算です(*3)。一方、生命保険の「個人年金保険」だと、生命保険料控除による節税効果は年間7000円ほどです。**個人年金保険は手数料が高く、元本割れ期間も長いので、節税効果も大きいiDeCoのほうが、断然お薦め**です。

結構、節税額が違うんですね。iDeCoを使わないのはもったいない気がします。

## 図9-4 iDeCoに積み立てるお金（拠出金）の上限

| 国民年金の加入区分 | | 上限額（拠出限度額） |
|---|---|---|
| 第1号被保険者・任意加入保険者<br>**自営業者など** | | 月額6万8000円<br>（年額81万6000円）<br>＊国民年金基金または国民年金付加保険料との合算枠 |
| 第2号被保険者<br>**会社員**<br>**公務員** | 会社に企業年金がない会社員 | 月額2万3000円<br>（年額27万6000円） |
| | 企業型DC（確定拠出年金）のみに加入している会社員 | 月額2万円<br>＊2 |
| | 企業型DCとDB（確定給付型企業年金）＊1に加入している会社員 | 月額1万2000円<br>＊3 |
| | DB＊1のみに加入している会社員 | 月額1万2000円<br>（年額14万4000円） |
| | 公務員 | |
| 第3号被保険者<br>**専業主婦**<br>**専業主夫** | | 月額2万3000円<br>（年額27万6000円） |

＊1．厚生年金基金、石炭鉱業年金基金、私立学校教職員共済も含む
＊2．月額５万5000円－各月の企業型DCの事業主掛金額（ただし、月額２万円を上限）
＊3．月額２万7500円－各月の企業型DCの事業主掛金額（ただし、月額１万2000円を上限）

でも、投資はやっぱり怖いかも。

元本確保型といって定期預金に積み立てることも可能です。ただし、運用期間中、投資の運用益に課税されない利点がiDeCoにはあります。この点を考えると、手数料が安い投資信託の利用が正解かもしれません。

税金といえば、**iDeCoに積み立てたお金を老後に受け取るときの税金**はどうなるんですか？

**課税されます**。ただし、**税負担は軽減**されます。分割して年金で受け取る場合は「公的年金等控除」が、一括で受け取る場合は「退職所得控除」が適用されるので。また、通常、お金を受け取る時期は、現役時代より収入が減っていることが多いはずなので、仮に税率は同じでも税額は安くなると見込めますよね。

確かにそうかもしれない。

ですから、高額の退職金を受け取る人などは、iDeCoのお金を取り崩す時期などを慎重に検討する必要があるとしても、一般論としては、総じて税負担を減らす効果が大きいと認識していいかと思います。

## 「減ってもいい金額」を自分の中で決める

それで、NISAはどうしたらよいのでしょうか？

老後資金準備には、iDeCoがいいと思いますが、**iDeCo以外にも運用する場合、NISAを使うのがいい**はずです。NISAも運用益に課

図9-5 新NISAの概要（2024年以降）

| | つみたて投資枠 | 成長投資枠 |
|---|---|---|
| 対象者 | 日本に住む18歳以上の人 | |
| 投資できる期間 | 恒久化<br>※旧NISAは期間が定まっていた | |
| 非課税期間 | 無期限<br>※旧NISAは期間が定まっていた | |
| 制度の利用 | 併用可能<br>※旧NISAでは併用できなかった | |
| 投資できる主な商品 | 長期・積立・分散投資に適した一定の投資信託<br>（金融庁の基準を満たした投資信託に限定） | 上場株式、投資信託、等 ＊1 |
| 拠出上限額（年間） | 120万円 | 240万円 |
| 拠出上限額（累計） | 1800万円（生涯投資枠）<br>（成長投資枠の上限は1200万円）<br>＊2、＊3 | |
| 買い方 | 積立投資のみ | 一括投資・積立投資 |
| 売却可能時期 | いつでも可能 | |

＊1. 整理・監理銘柄、毎月分配型、高レバレッジ型など一部除外商品がある
＊2. 売却した場合、翌年以降に再利用可能
＊3. 2023年までのNISAとは別枠

税されないからです。**2024年からNISAの制度が拡充され、利用できる限度額も上がりますよ**。左の[図9-5]にまとめました。

NISAは、積み立てるだけじゃなくて、まとまった額を一括で投資することもできますよね。どっちがいいですかね？

わかりません(笑)。積み立てを始めた後で投資信託の価格が大きく上がった場合、「あのとき、一括でお金を入れておけばよかった！」と思うでしょうね。逆に下がったら、一括のほうが痛いですよね。

ただ、運用益に課税されない利点は同じなので、家計の状況次第でしょうね。例えば、今回、**解約を決めた保険契約から入ってくるお金の一部を、一括でNISA口座に入れて運用**する選択肢も考えられるでしょう。**一括でお金を入れた後、積み立てを続ける**、そんなふうに併用する選択肢もありますから、**大まかに「投資で減ってもいいお金の額」を決めて、判断**なさったらいいのではないでしょうか。

私たちの場合、いくら減ってもいいのか、いくら積み立てをしていったらいいのか、そういう相談は誰にしたらいいのでしょうか？

ご自身だと思います。仮に、今、預金が200万円あったとして、これが100万円まで減っても落ち着いていられるとか、150万円を下回るとダメとか、**どこまでのリスクに耐えられるかといったことはご本人にしかわからない**だろうと思うんです。**老後、どれくらいの生活水準を保ちたいのか**、といったことも同じでしょう。散歩が趣味の人と、豪華客船で世界中を回りたい人では、必要なお金の額も違うでしょうし。

それはそうだなぁ。

「ねんきんネット」に登録しておくと、年金を将来、毎月いくらくらい受け取れるのかをシミュレーションできます。これからの働き方や、年金をいつから受け取るかなど、条件を変えて比べることもできます。それを見て、**年金に毎月いくらの上乗せが欲しいか**を考えてみるといいでしょう。

例えば、70歳から90歳まで20年間は240カ月、40歳から70歳までは360カ月ですよね。そうすると、70歳以降、年金受給額に毎月10万円上乗せが欲しい場合、240カ月分の2400万円を、40歳の今から360カ月で用意しよう、となるでしょう。単純計算で毎月6万6666円。共働きなら、各自が毎月3万4000円弱、積み立てるといい。運用による上乗せを若干見込むと、毎月3万円でもいいかも？　と。算数の計算で、目安は出せますよね。

確かに。

収入保障保険の保険金額を考える際に、お伝えしたように、細かいシミュレーションをしても、精度は怪しいはずなんです。老後のように、遠い将来のことになるとなおさらです。ですから、私はこの程度の粗い計算でも悪くないのかなと考えています。

毎月、各自3万円ずつ積み立てていく、というと、私のパートのお給料は積み立てに回す、というイメージですね。割と現実的な目標になりそうです。

よかったです。私の場合、運用関連は主に書籍で学んだので、お薦め書籍のリストを差し上げます。今は動画も多いですし、まずは、**勉強してリスクについても心から納得したうえで**、実行していただきたいです。

## 国の年金制度は意外にしぶとい

あと一つだけいいですか。国の年金って大丈夫なのでしょうか？　そもそも国の財政が危機的な状況にあるとか、そういう報道も多いですし、不安なのですが。

そうですね、少し勉強するとわかるのですが、**年金制度は、簡単には破綻しない**ようにできていますよ。人口構成の変化などは、昔からわかっていたことなので、制度に織り込まれていますし。国の財政に関しても、有識者が、国の「借金」だけでなく「資産」などにも言及しつつ、「特に危なくない」と発信していて、そちらの説明のほうが納得できます。

本当ですか!?

はい。私も仕事柄、いろんな媒体の人に取材される機会があって知ったのですが、大手メディアの社員にしても、一つの分野を深く学ぶ時間はないんですね。人事異動もありますし。そのため、政府や企業の公式発表に沿った発信が少なくないように感じます。

ということは、**情報提供者にとって都合がいい記事が出やすい**？　そういうことですか？

そうなんです。大手メディアも政府の広報のように利用されやすい。少なくともその可能性は大いに疑ったほうがいいと思います。

そうなんだ……。

言うまでもなく、年金や国家の財政も私の専門外です。それにしても、漠然とした不安を抱えていらっしゃる方があまりに多いので、私自身が読後、説得力を感じた本、「これでニュースの受け止め方が変わる」と感じた本も、年金や運用関連の本に加えて、最後に数冊ご紹介しておきます。なるべく簡単に書かれているものを優先して、数も絞っています。是非、お読みになってください。

ありがとうございます。スッキリしました！

＊1. 保険の有料相談では、個別の投資信託の商品名を伝えることはないが、ここで示唆しているのは、三菱UFJアセットマネジメントの「eMAXIS Slim（イーマクシス スリム） 全世界株式（オール・カントリー）」、通称「オルカン」。信託報酬は年0.05775%以内。とはいえ、損失が出る可能性は常にある

＊2.「インフレ・円安への資産防衛　積み立て投資『勝率』96%」、日本経済新聞、2022年4月13日／先進国株価指数（MSCIWORLD、配当込み、円ベース）に連動する投資信託に1990年1月以降、1カ月ずつずらして20年間、月3万円ずつ積立投資した場合の平均利回りは7%という結果に基づいて試算

＊3. 2037年まで復興特別所得税を考慮して算出

COLUMN

# お金を学ぶ お薦め書籍

保険の有料相談にいらっしゃる
お客様からは、必ずと言っていいほど、
資産運用についてのご質問があり、
国の財政難への不安をうかがいます。
私はこれらの分野の専門家では
ありませんが、個人的に勉強する中で
自信を持ってお薦めできる書籍を
厳選してご紹介します。

1

**『山崎元のほったらかし投資 世界一やさしい資産運用術』**
山崎 元 監修（宝島社・TJ MOOK）

山崎元さんの本は、どれも私の「教科書」です。このムックは、その中から実用性を重視して選びました。「新NISA」に対応していて、利用すべき投資信託の商品名がわかり、老後資金等について考える際も有用です。

2

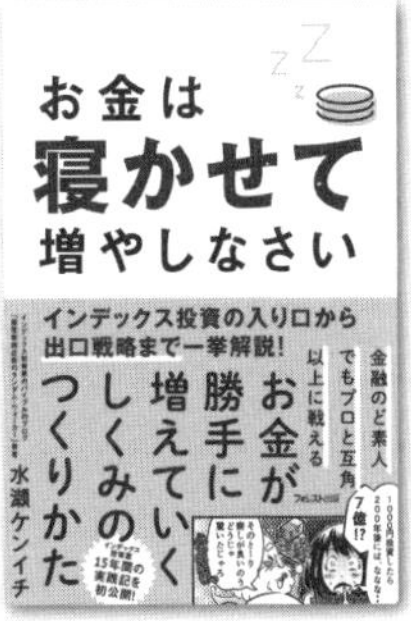


**『お金は寝かせて増やしなさい』**
水瀬 ケンイチ著（フォレスト出版）

私の中ではインデックス投資本の決定版です。会社員の著者の「自己資金を53%減らした年」を含む15年間の実践記録など、類書にない学びがあります。2017年刊行ですが、今後も古くならない一冊だと思います。

3

**『人生100年時代の 年金・イデコ・NISA戦略』**
田村 正之著（日本経済新聞出版）

社会保障制度や資産運用に関して、一般論から技術論(?)まで幅広く、大きな問題から細かいことまで学べる労作です。私は、生保関連以外のことは、すぐに忘れがちなので、「事典」のように利用しています。

4

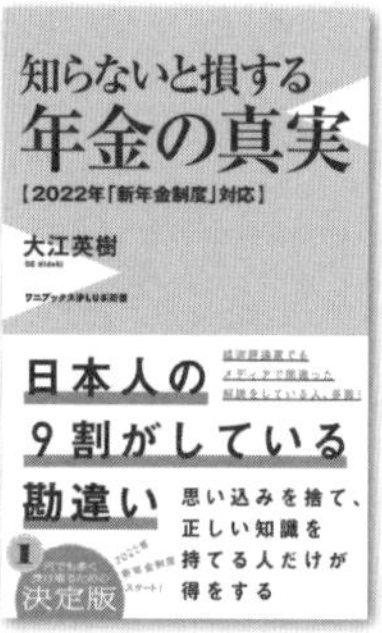
知らないと損する
年金の真実
【2022年「新年金制度」対応】
大江英樹
日本人の
9割がしている
勘違い
思い込みを捨て、
正しい知識を
持てる人だけが
得をする
決定版

**『知らないと損する年金の真実**
**―2022年「新年金制度」対応―』**

大江 英樹著（ワニブックス【PLUS】新書）

国の年金制度について、楽に読めて、誤解や思い込みを払拭できます。「年金はもらうものではなく、『創る』もの」という言葉が印象的な、是枝俊悟さんの『35歳から創る自分の年金』（日本経済新聞出版）もお薦めです。

5

楠木 新著
定年後のお金
貯めるだけの人、
上手に使って楽しめる人
「老後不安の正体」は何か
中公新書

**『定年後のお金――貯めるだけの人、**
**上手に使って楽しめる人』**

楠木 新著（中公新書）

保険や投資で失敗する人には、販売員のような「他人」に頼り過ぎる傾向があると感じます。この本は、「家計の貸借対照表」作成など、「自分」と向き合い、「自分」で考えることの大切さを教えてくれます。

6

新聞・テレビ・ネット
ではわからない
日本経済
について
髙橋洋一先生に聞いてみた
Gakken
大きな転換期を迎えた
経済の"リアル"
を徹底解説！

**『新聞・テレビ・ネットではわからない**
**日本経済について**
**髙橋洋一先生に聞いてみた』**

髙橋 洋一監修（Gakken）

有料保険相談のお客様が「財政難で国の制度は持たない」と認識している際、「メディアが誤報を流し続けています」「財政状況は健全だと、すぐにわかります」とお伝えするため、ご紹介しています。

7

どうする財源
中野剛志

**『どうする財源――貨幣論で読み解く**
**税と財政の仕組み』**

中野 剛志著（祥伝社新書）

「日本は財政難」と信じている方にお薦めしています。私は、岩田規久男さんの『資本主義経済の未来』（光文社）なども読み、「現状は『政策の失敗』が原因で対策も明らか、希望はある」と考えています。

# おわりに

保険相談にいらしたお客様に「最後に後田さんから何かありますか？」と尋ねられたとき、私は以下の3点をお話ししています。

まず「保険は老後の医療関連など『他人事とは思えない事態』への備えには不向きです。何度でも思い出してください」とお伝えします。加齢とともに「医療保険やがん保険に入っておけばよかった。加入していた保険を解約しなければよかった」と感じる機会が増えても不思議ではないので、今後も変わりようがない「原理原則」を確認しておくのです。

次に「頼んでもいないのに、販売員から持ちかけられる話は要注意です」と言っています。仮に「安全・確実にお金が増える投資先」がある場合、金融機関は自社の資金を注ぎ込み、個人には教えないのではないか？　「必ず値上がりする不動産」があれば、不動産業者自身が買うだろうと、そんなことを想像してみてほしいのです。すると、一般の個人に、販売員を介して案内されるのは「手数料稼ぎの商材」に過ぎないかもしれないと、慎重になれるでしょう。

3番目に「この2点を意識すると、大きな間違いは避けられると思います。それでも気になることがあれば、またお声がけください。『相談は何度でも有料』です。大歓迎です」とまとめています。

以上、あらためて書き出してみると、「常識」でわかりそうなことだと感じます。

私は、本書の結論にも、常識でたどり着けると思っています。公的な保障制度等については、少し勉強する必要がありますし、商品選びは、独力では難しいかもしれません。

しかし、本質的な部分はどうでしょうか。保険会社に集まるお金の流れから「保険は稀に起こる重大事への備えに向いていて、頻繁に起こる事態には向かない」と気づくのは、それほど難しくないでしょう。そして、保険での備えに向く事態がわかれば、「子育て期間中、世帯主の急死に備えよう。他のリスクには、極力、自己資金で対応しよう」と判断できる人もいるでしょう。

さらに、「無料相談だと、販売員の都合で過大な契約に誘導されるかもしれない」と警戒している人は、現時点でも少なくないと思うのです。

そんなわけで、読者の皆様にも「どんなに不安喚起情報が流布されても、落ち着いて常識で考えると、『正解』に近づけるはずです」とお伝えして、「おわりに」の一文とします。

本書をまとめるにあたり、主に運用関連で、経済評論家の山崎元さん、個人投資家の水瀬ケンイチさん、株式会社ウェルスペントの横田健一さんにお力添えをいただきました。また、お名前は出しませんが、保険代理店や保険会社の方からも貴重な情報をいただきました。さらに、編集担当の小野田鶴さんの真摯で妥協のないお仕事ぶりに深く感銘を受けたことも付記しておきます。

本を書き終えるたびに思うのは、「自分は運がいい」ということです（実家で過ごしたころまで遡ります）。家庭環境や健康に恵まれていなければ、長期間、私的な関心事に注力するのは不可能だからです。

家族と関係者各位に心から感謝の言葉を記しておきます。

皆様、本当にありがとうございました。

2023年9月　後田亨

後田 亨
うしろだ・とおる

1959年生まれ。長崎大学経済学部卒業。1995年より、大手生保と乗り合い代理店で約15年、保険の営業職を経験。販売員と顧客の利益相反を問題視し、2012年に独立。以降、執筆・講演・有料相談に従事する。『いらない保険』(講談社+α新書)『生命保険は「入るほど損」?!〈新版〉』(日本経済新聞出版)など、著書多数。

この保険、解約してもいいですか?

2023年10月23日　初版第1刷発行
2023年12月14日　初版第4刷発行

著　者　後田 亨
発行者　北方雅人
発　行　株式会社日経BP
発　売　株式会社日経BPマーケティング
〒105-8308
東京都港区虎ノ門4-3-12
装丁　小口翔平 + 畑中 茜(tobufune)
本文デザイン・DTP　小山瑞江、但野理香(ESTEM)
校閲　鷗来堂
編集　小野田鶴
印刷・製本　図書印刷株式会社


ISBN978-4-296-20346-8